MÉMOIRE

SUR LA

LIBERTÉ DES CULTES.

MÉMOIRE

SUR LA

LIBERTÉ DES CULTES,

adressé à la Société de la Morale Chrétienne à Paris, en l'année 1825,

par

J. KONIJNENBURG,

Membre de plusieurs Sociétés Littéraires.

---

*Nihil est tam voluntarium, quam religio:
in quâ si animus sacrificantis est aversus,
jam sublata, jam nulla est.*

LACTANTIUS.

AMSTERDAM,

CHEZ LES FRÈRES DIEDERICHS;

ET

CHEZ P. J. DE MAT, IMPRIMEUR-LIBRAIRE,

à BRUXELLES.

1827.

Amsterdam, à l'Imprimerie
de A. ZWEESAARDT.

AVANT-PROPOS.

C'est pour satisfaire aux vives sollicitations de plusieurs de mes amis, que je me suis enfin décidé à publier ce *Mémoire sur la liberté des Cultes;* mémoire que j'ai adressé à la *Société de la Morale Chrétienne à Paris*, en réponse à la question qu'elle a proposée au concours, en l'année 1825, dont voici le programme.

« Pour accomplir le vœu de feu M. Lambrechts, M. d'Outrepont, son légataire universel, ayant offert à la *Société de la Morale Chrétienne* le don de la somme de 2,000 fr. destinée à fonder un prix pour le meilleur mémoire sur la liberté des cultes, la Société s'est empressée d'accepter une offre si honorable et elle publie en conséquence le programme suivant."

« Le but du concours n'est point d'offrir aux concurrens une question douteuse et susceptible de solutions opposées. La question est considérée comme résolue et c'est au *meilleur Mémoire en faveur de la liberté des Cultes,* que le prix doit être décerné. Nul mémoire ne saurait donc être admis au concours, si l'auteur n'adopte la liberté des cultes pour principe et ne s'applique à en démontrer la justice et la nécessité! — La Société de la Morale Chrétienne n'a donc point de question à poser et l'objet de ce programme est uniquement d'indiquer aux concurrens les principaux points sur lesquels il semble que doit se porter leur attention. — Ils sont invités d'abord à déterminer avec précision le sens de ce mot *liberté des cultes*, et à examiner si la liberté des cultes et la liberté de conscience sont une seule et même chose, ou si elles doivent être distinguées; et, dans ce dernier cas, en quoi elles diffèrent. — Soit qu'ils rejettent ou admettent cette distinction, ils auront à rechercher si la liberté de conscience et la liberté des cultes, ou l'une des deux, sont un droit naturel, primitif, inhérent à la qualité d'homme et qu'aucune législation ne peut restreindre sans offenser la justice éternelle, ou l'un de ces droits variables, que la législation peut limiter, selon les convenances et les intérêts mobiles de la société. — Dans la première hypothèse, ils rechercheront quel est le principe de ce droit et comment il découle soit de la nature de l'homme, soit de la nature des croyances religieuses. Sur ce dernier point on les invite à examiner si les croyances religieuses sont absolument de même sorte que les autres croyances humaines, et si les raisons pour la liberté de conscience en matière religieuse sont absolument les mêmes que pour la liberté de la pensée sur tout autre sujet; ou si les questions religieuses ont, par leur nature, quelque caractère spécial et distinctif, qui doive rendre la liberté de la pensée en cette matière plus ou moins respectable et absolue qu'à tout autre égard. — Dans la seconde hypothèse, ils auront à rechercher s'il peut jamais être nécessaire ou utile à la société de restreindre la liberté de conscience ou des cultes; et, à cette occasion, ils pourront examiner quels ont été, dans les divers siècles et les divers pays, les effets de semblables restrictions. S'ils pensent qu'elles peuvent être, en certains cas, nécessaires et légitimes, on les invite à déterminer, autant que cela peut se faire d'une manière générale, les raisons de leur légitimité accidentelle et les limites où elles doivent se renfermer."

« La question générale ainsi éclaircie, les concurrens sont invités à examiner :

1°. « Si les droits de la liberté de conscience et des cultes sont absolument les mêmes pour les ministres d'une religion et pour les fidèles qui la pratiquent; et dans ce cas où ils reconnaîtraient, entre les droits de ces deux classes d'hommes, quelque différence, à déterminer la limite qui les sépare et quels en doivent être les effets;"

2°. « Si le respect de la liberté de conscience et des cultes est ou non entre les diverses croyances religieuses, un devoir pour les ministres et les fidèles de chacune de ces croyances, aussi bien que cette liberté même est pour eux un droit;"

3°. « S'il existe ou peut exister des croyances religieuses qui, par leur nature même et indépendamment de toute passion ou prétention humaine, repoussent invinciblement la liberté de conscience ou des cultes, et ne puissent l'admettre sans déroger à leurs principes fondamentaux;"

4°. « Quels sont entre autres, à cet égard, les principes et les préceptes de l'Évangile;"

5°. « Si la séparation légale et absolue de l'état civil et de l'état religieux des citoyens est indispensable à la liberté des cultes ; et, dans le cas où l'état civil et l'état religieux des citoyens seraient confondus, absolument ou en partie, par quels moyens la liberté des cultes pourrait être garantie;"

6°. « Enfin, quel sens doit être attaché au mot *tolérance*, fréquemment employé par les défenseurs de la liberté des cultes, et si ce mot est l'expression exacte et fidèle du principe sur lequel se fonde le droit de cette liberté ?"

« En terminant ce programme, nous croyons devoir répéter que nous n'avons aucunement l'intention de le donner aux concurrens comme règle de leurs idées ou comme plan de leurs discours. Il nous a seulement paru utile d'indiquer les points de vue les plus essentiels de la grande cause qui a occupé les dernières pensées d'un homme de bien et occupera sans doute celles de beaucoup d'hommes éclairés."

« La seule condition qui leur soit prescrite, est de marcher vers le but que M. Lambrechts leur a assigné. Chacun demeure libre de prendre, pour y arriver, la route qui lui semblera la plus directe et la plus sûre."

J'ai discuté séparément, en suivant l'exposé de ce programme, les six questions exigées des concurrens, et c'est sous ce point de vue seul que je prie le lecteur de juger mon ouvrage.

J. KONIJNENBURG.

AMSTERDAM,
le 15 Décembre 1826.

MÉMOIRE

SUR LA

LIBERTÉ DES CULTES.

L'HISTOIRE de l'Église chrétienne ne nous offre, depuis les temps les plus reculés jusqu'à nos jours, qu'un enchaînement de disputes, dont l'influence devint plus dangereuse pour le bonheur des peuples, à mesure que l'on jugea les dogmes controversés plus nécessaires à ce bonheur moral considéré comme le but spécial de la mission divine de Jésus-Christ.

Ces disputes cependant ne tenaient aucunement à l'essence de la doctrine chrétienne annoncée dans l'Évangile, doctrine qui est la simplicité même, étant à la portée de l'intelligence humaine, en harmonie avec l'esprit des mortels, et s'adaptant parfaitement à leurs diverses relations. Ces disputes tiraient donc leur origine des opinions philosophiques, auxquelles l'interprétation des Saintes Écritures donnait une direction toute particulière et même arbitraire; elles provenaient de l'orgueil et de la présomption; elles trouvaient de l'aliment dans des cœurs, dans des esprits égarés, qui s'arrogeaient exclusivement le droit de connaître et d'enseigner la vérité. L'ambition comblait la mesure du mal. Une autorité usurpée, d'accord avec la politique, prononçait comme Pythagore : l'αὐτος ἔφα. Le préjugé prêtait son appui, et l'intérêt personnel, identifié avec la possession des emplois publics, donnait plutôt la préférence à d'anciennes erreurs qu'à une lumière toute nouvelle, due au progrès des sciences.

Nulle époque ne fut plus fertile en de tels événemens que celle même où vécut le Sauveur du monde. Les préjugés des Juifs, provenant de leur système théocratique et datant, il est plus que probable, des siècles antérieurs, se maintinrent opiniâtrément. Jamais prétexte plus grossier n'exista que celui d'un Jéhovah gouvernant le peuple juif et le protégeant par des vice-rois. C'est d'après ce principe, que toutes les autres nations de la terre furent par lui réputées profanes et barbares. C'est par suite de ce préjugé populaire, que les Juifs se mutinèrent continuellement au milieu de leurs revers. La servitude, il est vrai, les rendait en quelque sorte plus flexibles, mais ils n'abjuraient leurs préjugés que pour se livrer à l'idolâtrie. Les anciens Prophètes enseignaient bien dans leurs écoles des opinions plus épurées, mais leur philosophie n'obtenait aucun succès. Le peuple s'endurcissait et fermait les yeux à une lumière plus pure. Jean-Baptiste lui-même les exhorta à rectifier leurs idées et à sanctifier leurs mœurs; mais telle était l'indifférence pour toute conviction morale, qu'il dut payer de sa tête la franchise de sa prédication. Que cette déclaration, émanée de la bouche de Jésus, était bien fondée, lui qui sondait si parfaitement tous les replis du cœur humain ! *Je ne suis pas venu apporter la paix sur la terre, mais l'épée* (c'est-à-dire, ma prédication suscitera des dissentions et non la paix);

et cette autre: *Il ne se peut pas faire qu'il n'arrive des scandales!* Cependant, ajouta-t-il d'un ton propre à servir d'avertissement: *Malheur à celui par qui le scandale arrive* (1)! Et ses Apôtres si intimement pénétrés par une trop fatale expérience de cette même vérité, avec quelle énergie n'exhortèrent-ils point leurs frères en la foi chrétienne, à se mettre soigneusement en garde contre ceux qui dénaturaient, *par des divisions et des scandales* (2), la simplicité primitive du christianisme!

Il n'en est pas moins vrai que ces mêmes disputes emportent avec elles l'idée d'une entière liberté de culte pour tout pasteur ou laïque; car, bien qu'il s'élevât divers partis et que l'un opprimât l'autre, tant à cette époque que même plus tard, le principe d'un libre arbitre, auquel en appelait toujours le vaincu, n'en demeura pas moins constamment intact.

Combien n'est-il donc point à déplorer que, pendant tous les siècles qui se sont écoulés depuis les premiers temps de la prédication chrétienne jusqu'à nos jours, on ait prêté l'oreille à un système si absurde! Et d'où provenait, je le demande, une opinion aussi pitoyable, une conduite aussi contradictoire de la part de ces mêmes chrétiens, qui, en adoptant pour règle de foi la doctrine si simple et si pure du Sauveur du monde, s'obligeaient naturellement à la suivre? Était-ce opiniâtreté? ou bien faut-il en chercher la cause dans cette fausse et présomptueuse pré-

―――――――――

(1) Comparez *Matthieu* X, v. 34 et XVIII, v. 7, *Luc* XII. v. 49 et 53 et XVII, v. 1, avec le sublime passage de *Michée* VII, v. 5 et 6, que le Sauveur avait en vue.

(2) *Romains* XVI, v. 17, et ailleurs.

tention qu'ont les hommes *d'être plus sages qu'il ne faut* (1) Était-ce ignorance des dispositions requises pour l'explication des Saintes Écritures ? Était-ce, enfin, l'adoption de termes inintelligibles empruntés de l'ancienne philosophie ou de la jurisprudence moderne, qu'on admettait sans les entendre, le goût dépravé du siècle, les adaptant à une doctrine qui n'a rien de commun avec l'érudition, la philosophie et la politique ? O malheureux Athanasiens, Ariens et Pélagiens ! vous vous êtes frappés d'anathème les uns les autres faute de vous entendre ! vous vous êtes persécutés parce que chacune de vos sectes s'arrogeait un droit exclusif au siége épiscopal ! Oui ! même de nos jours, les suites fatales de ces schismes se manifestent encore, et cela parce que les termes, qui sont les auxiliaires du langage, changent souvent de signification, et que journellement on les voit subir des interprétations entièrement différentes.

Ils sont de même nature les points capitaux qui constituent la question dont nous nous occupons, et que la *Société de la morale chrétienne* a si heureusement mise au concours : du moins il en est ainsi pour ce qui concerne les mots *conscience* et *liberté de conscience*, qui parfois signifient uniquement une *opinion*, un *sentiment* dont on a acquis, n'importe sur quel fondement, l'intime conviction. Quant aux objets d'art ou de science, cette signification ne souffre nulle exception, attendu que chacun se réserve exclusivement la liberté de juger, sans souffrir que d'autres apportent à ce droit la moindre entrave. C'est

(1) *Romains* XII, v. 3.

ainsi que s'expriment l'architecte, le peintre, tout artiste qui considère sa découverte comme une propriété incontestable, que nul ne peut lui ravir sans se rendre coupable de larcin. Tel est aussi le langage ordinaire de la vie commune, pour autant que chacun croit avoir droit de prononcer sur ce qui appartient ou n'appartient pas au domaine de l'art ou à ses travaux.

Cependant, ce terme emporte une signification plus relevée encore chez les hommes raisonnables et moraux de tous les pays, de tous les siècles, de tous les âges et de toutes les générations, dont l'esprit et le cœur agissent de concert comme dans une cause d'intérêt majeur et général. Ce terme se rattache-t-il immédiatement aux idées de *religion*, de *culte* et de *liberté;* il ne saurait avoir d'autre signification que celle du *besoin*, du *droit*, de la *faculté*, de *l'obligation* d'examiner par soi-même, de prononcer sur ce que chaque homme individuellement juge appartenir à la connaissance de la Divinité, et sur le culte à lui rendre. L'homme qui tient à un tel principe, ce que fera tout homme sensé, ne respecte aucune décision soit étrangère ou supérieure. Le libre arbitre dérive de la nature même de l'objet dont il s'agit; il dérive surtout de cette essence raisonnable et morale que l'homme reçut de la Divinité, comme un don infiniment précieux. Or, il est tenu de respecter ce droit, et nulle autorité étrangère ou supérieure n'a la faculté de l'en déposséder.

Une autre signification encore se rattache au mot *religion*. Quand il ne donne à entendre que le culte consacré à l'Être-Suprême, il ne possède qu'un sens purement pratique, dégagé de toute idée de plaire à Dieu, parce que Dieu est éminemment supérieur à tout plaisir comme à toute peine. Ce n'est donc point une obligation imposée à l'homme en vue de la Divinité, mais un devoir et un besoin pour chaque mortel individuellement entant que, dans le sentiment de sa dépendance, il reconnaît toute la nécessité de ce principe et toute son importance tendantes à ennoblir son être. Son imagination se représente constamment la Divinité comme un Être souverainement parfait, bon et sage, dont les lois sont tout aussi immuables dans le monde moral que dans le monde physique. Il respecte sous se rapport l'ordre établi dans toutes les choses créées; et, de cet ordre invariable, il conclut quels ont dû être le but et la volonté de Dieu. Par l'effet de son libre arbitre il adopte ce principe comme règle de foi et de conduite; il y obéit comme à une loi conforme à sa nature; il tâche, autant que possible, de prendre la Divinité pour modèle par ce qu'il la croit raisonnable, juste et obligatoire. Cette concordance avec le but et la volonté divine lui donne l'assurance d'une perfection toujours croissante et d'un bonheur sans fin.

Le mot *religion* renferme enfin une dernière acception, inhérente à sa nature scientifique et attachée à l'assemblage des diverses vérités qui dérivent, comme autant de conséquences, d'un scrupuleux examen personnel. Cette acception comprend la recherche et la mise en évidence de toutes ces vérités dont l'homme juge l'adoption indispensable à son être et au calme de son âme; elle est à la portée de l'intelligence de chacun. L'homme se connaît entant que créature raisonnable; il cherche la lumière et la vérité ; il est convaincu, par sentiment et par raison, de l'existence d'un Être-Suprême qui gouverne et dirige toutes choses pour le mieux. Cette conviction l'engage à se perfectionner, c'est-à-dire à suivre cette loi de nature qui lui fait connaître les règles qu'elle se prescrit. Par elle il se sent libre et heureux. En ce sens la religion n'est donc autre chose que le sentiment intellectuel et la conviction morale qu'a chaque individu, relativement au vrai but de ses facultés et de son existence entière.

Quant au *culte*, pour autant qu'il fait partie de ce système combiné, il n'est à proprement parler que la partie ostensiblement active du principe déterminé ; il est l'expression publiquement manifestée de notre religion, ou plutôt de nos sentimens religieux internes. Le culte est mis en évidence comme un moyen auxiliaire, propre à promulguer cet assemblage de notions. Tout homme individuellement y a droit, par le sentiment intime de sa liberté. Le Juif, le Mahométan, l'adorateur des divinités premières et subalternes, tout membre individuel de l'économie morale, tout citoyen de l'État est rangé sous une même catégorie de droits et de devoirs ; et, pour autant qu'il s'agit du chrétien, le culte embrasse tout ce que la nouvelle révélation évangélique lui enseigne et lui confirme.

Le *culte* uni à la *liberté de conscience*, et formant avec elle un seul et même système, est donc cette faculté illimitée de rechercher par soi-même et de professer ce qui constitue pour tous les hommes, pour tous les états et pour toutes les relations, l'objet suprême des soins les plus assidus en faveur de l'intérêt moral de la généralité. C'est de la sorte que les hommes sont amenés à la conviction et à l'aveu de tout ce qui est bon et vrai, et par cela même à la perfection morale.

De quelque manière, à présent, que l'on opine au sujet de la *religion*, du *culte* et de la *conscience*, il résulte, dans tous les cas, du sens que nous y assignons, la question suivante : « Existe-t-il pareille « liberté de culte et de conscience?" ou, en d'autres termes : « Existe-t-il pour chaque homme en particu- « lier un droit de nature, qui l'autorise à examiner « personnellement ce qui est de l'essence de la reli- « gion ? Est-il autorisé à juger par lui-même de tout « ce qu'il croit appartenir à la foi en Dieu, et, par « cela même, à la connaissance et à l'appréciation la « plus parfaite de ses intérêts moraux, sans que per- « sonne ait le droit d'y mettre obstacle, ou que lui- « même puisse entraver ce droit dans autrui?"

Et maintenant, s'il nous faut répondre affirmativement à cette question, comme nous aurons à le démontrer plus tard, il paraît d'abord évident qu'il ne peut y avoir ici aucun dissentiment, parce que pareil examen constitue essentiellement la destination suprême des humains. Cet examen, indépendamment de ce qu'il ne peut lui être indifférent, concerne un objet qui est même indispensable au perfectionnement de son esprit, à la paix de son âme, et par cela même à son bonheur durable. Et quel serait l'homme assez insensé, pour rêver d'une double espèce de liberté qu'on pourrait, ou admettre, ou rejeter en partie ? Quel serait l'homme en état d'assigner à chacun ses droits individuels à un contrat social, aux stipulations duquel certaines relations et circonstances particulières pourraient permettre des modifications différentes? En y réfléchissant donc bien, on ne tardera pas à se convaincre que pareille séparation n'a aucun fondement réel, en que *liberté de conscience* et *liberté de culte* ne sont qu'une seule et même chose, qui, à proprement parler, ne peut ni ne doit jamais se diviser ou se séparer. L'un et l'autre objet reposent sur un même fondement, sur un même principe. Cela tient à la nature même de l'homme : il n'en est point l'auteur, mais il trouve ce principe en lui-même.

Le besoin de rechercher et de connaître la vérité est pour lui aussi nécessaire qu'illimité. C'est par cette excellence interne qui constitue son être, qu'il s'élève au-dessus de toutes les créatures connues. Joignons à ceci son intérêt personnel et bien entendu, pour l'appréciation plus ou moins fondée duquel il ne doit compte qu'à soi-même et à nul autre. L'intime conviction de cette vérité le conduit tout naturellement au perfectionnement de son être. Plus le cercle de ses connaissances s'agrandit, par rapport aux divers objets qui l'entourent, à leur liaison intime, à leur concordance en faveur d'un seul et même but de perfection et de bonheur, plus en même temps l'obligation d'honorer Dieu et de s'acquitter de ses devoirs envers ses semblables, lui devient sacrée. Il forme à lui seul un monde en miniature, un des chaînons du grand tout; et cette conviction procure à son esprit, au moyen d'une sage application, les fruits les plus satisfaisans. Plus il s'enfonce dans ses méditations, plus le sentiment de ses devoirs s'accroît à ses yeux, et plus il éprouve un besoin indispensable de s'y livrer.

Ce n'est que dans l'acquit de ses devoirs qu'il trouve le vrai calme de l'âme et le véritable bonheur. Animé d'un sentiment pareil, il obtient une entière conviction et s'efforce de mériter l'approbation de son créateur, assuré comme il l'est d'agir conformément à la volonté et à la loi divine, lesquelles se manifestent clairement dans les dispositions morales de l'espèce humaine en général et de chaque individu en particulier. Imitant donc l'exemple de l'auteur de son être, il ne peut ni ne veut faire que ce qui est essentiellement bon et juste.

Il résulte de ce principe général un droit primitif ou de nature, qui lui appartient immédiatement en sa qualité d'homme; qu'il peut et doit même s'arroger, parce qu'il fait partie de son essence morale; dans l'exercice duquel aucune autorité ni puissance humaine n'a la faculté de l'entraver, et que nul ne peut ni ne doit lui enlever, parce que l'homme ne doit compte qu'à lui seul de l'usage qu'il fait de ce droit, sans que personne puisse sous ce rapport le lui disputer.

En un mot, ce besoin et ce devoir continuent d'être pour lui indispensables; ils épurent sa volonté, ils ennoblissent ses affections et ses penchans, en les dirigeant vers un seul et même but, unis et non sujets à contestation. A ses regards l'univers entier tel qu'il est sorti des mains du créateur, le monde moral surtout composé de tous les êtres intelligens répartis dans les divers systèmes planétaires, forment ensemble un magnifique tout, que son imagination peut à peine embrasser, et qui, à mesure qu'il en pénètre les profondeurs, s'étend jusqu'à l'infini. Aussi, par cela même, il se détache des objets sensibles. Le droit de juger et d'agir que Dieu lui accorda, pour qu'il pût discerner et pratiquer ce qui est bon et vrai, est pour lui un droit positif et imprescriptible, que nul ne peut lui disputer sans violer l'éternelle justice elle-même. Du moment que la vérité, la vertu et la perfection, sont adoptées comme principes fondamentaux, elles doivent l'emporter sur toutes stipulations quelconques du contrat social.

Celui-ci n'a pour objet que de protéger la sûreté publique et de favoriser la civilisation. Le droit d'agir, qui réside dans l'homme pour sa propre conservation et le développement de ses moyens est par contre d'une origine plus ancienne ; ce droit est inhérent à sa nature et fait partie de son être. Or, aussi long-temps qu'on ne peut admettre la possibilité d'une suspension ou d'une altération de ce droit par un effet de la volonté divine, et qu'elle n'a lieu que par l'abus qu'en peut faire l'homme lui-même, il faut l'envisager comme à jamais permanent et inaliénable. Et quand bien même l'homme voudrait se désister de ce droit, encore ne le pourrait-il, car ce serait altérer sa propre essence. Ce droit précède tous les autres, il est exclusif et l'emporte sur tous contrats ; ceux-ci demeurant exposés à de continuelles variations.

Si maintenant on voulait séparer la civilisation humaine du contrat social, ainsi que l'histoire nous en fournit de fréquens exemples, ce que néanmoins nous ne pouvons admettre en principe, toujours faudrait-il la modifier en raison de l'époque, du lieu et des circonstances. En admettant cette séparation, il est cependant un point sur lequel on tombe d'accord, c'est que la loi civile, protégeant autant qu'il est possible la liberté naturelle de chacun, doit être égale pour tous. C'est en ceci que l'on trouve une garantie assurée pour le maintien des principes généraux d'équité. C'est au moyen de l'agriculture, des manufactures et du commerce surtout, que s'accroît la prospérité nationale : le sol, le climat, les rapports avec d'autres peuples y contribuent pareillement. C'est par la culture que l'on améliore le sol; c'est par des moyens physiques que l'on tempère le climat; c'est par des traités réciproques que l'on fait concourir les relations de peuple à peuple à l'avancement des intérêts communs. L'homme lui-même fait des progrès en civilisation à mesure qu'il cultive davantage les arts et les sciences. Mais, pour ce qui concerne l'examen en matière de religion et d'objets qui en dépendent, un seul principe fondamental doit prévaloir, celui qui dérive de l'idée d'un Être-Suprême, duquel procède toute donation libérale; principe dont lui-même exige l'inviolable conservation. Ni des motifs de sûreté, ni des besoins physiques, ni le sol, ni le climat, ni le sordide intérêt n'influent sur ce principe. La moindre entrave que voudrait y apporter l'autorité humaine, serait un acte arbitraire. L'homme empiéterait par-là sur les droits de la Divinité; il disposerait là où il n'y a pour lui rien à disposer. Un esprit de partialité s'élèverait entre les humains, ce qui serait contraire à la perfection divine et au but que le Créateur se propose puisqu'il étend ses bienfaits indifféremment sur toutes ses créatures. L'emploi de la force serait tergiverser, dans l'indépendance de ses opinions et dans celle de ses devoirs, l'homme privilégié.

La loi civile, enfin, est circonscrite aux objets terrestres. La liberté de conscience et le culte divin embrassent l'existence toute entière de l'homme et son avenir immortel. La première prend fin à sa mort; la dernière conserve son activité jusqu'à l'infini. Or, quelque éloignés que nous soyons d'insister sur la nécessité d'admettre une séparation entre le temps et l'éternité; bien que nous jugions pouvoir hardiment affirmer, que l'idée d'une éternité, selon les conceptions humaines et notre manière de nous exprimer, emporte celle d'un espace de temps qui n'aura point de fin; et, quoique nous considérions la vie humaine comme prenant naissance ici-bas, pour être ensuite continuée ailleurs et se prolonger à l'infini, il n'en est pas moins vrai que cette dernière idée rassure l'homme contre l'incertitude de son avenir, que la révélation chrétienne seule éclaircit au moyen des assurances formelles qu'elle nous donne, et des consolations qu'elle nous fournit. La loi civile passe comme tous les objets temporels de ce monde. La liberté de conscience, par son essence même immuable et éternelle, s'élève bien au-dessus de toutes les possessions et jouissances terrestres.

Si nous adoptons les considérations qui précèdent, comme nous supposons qu'elles doivent l'être, il ne saurait exister nulle question, de quelque nature qu'elle pût être, surtout relative à la religion, qui ne portât un caractère distinctif tendant à limiter la liberté de conscience. C'est dans cette catégorie, par exemple, qu'on peut ranger le dogme d'une fatalité positive et absolue, tel que le professent les disciples de Mahomet. Or, quoique ce dogme dépasse la sphère de ses conceptions, Mahomet ne l'en croit pas moins utile et nécessaire, tant à la société entière, qu'à ses membres individuels. Ce dogme inspire en effet du calme au sein de l'adversité, du courage au fort du danger; il maintient la concorde entre les membres de la société; et, sanctionné ainsi par les lois politiques et religieuses, il paraît pouvoir être hardiment adopté comme article général de foi. Interrogez cependant ici l'homme doué d'un jugement sain et impartial; demandez-lui d'où ce caractère tire son origine? demandez-lui si l'inactivité, à laquelle excite ce dogme, répond en effet à la nature de l'homme toujours active, toujours portée vers la perfection, et si elle est surtout utile au bonheur de l'État? Demandez-lui si ce dogme n'est pas plutôt propre à détruire la liberté morale de l'homme, et s'il n'ouvre point une vaste carrière au despotime le plus absolu? Sa réponse sera toute prête : — Les opinions et les actions humaines constituent l'objet principal de la vigilance politique des magistrats. C'est dans cela même que consiste l'éducation de l'espèce humaine. Pourquoi n'admettrait-on donc point un principe qui soumît à la fois l'homme et les bonnes mœurs à la loi, et qui les tînt en respect? Pourquoi l'État et l'Église ne s'uniraient-ils point pour atteindre un but aussi important? Peut-être même, en y réfléchissant bien, faudra-t-il convenir que l'adoption générale de ce dogme, pourrait se trouver commandée par les circonstances? Au contraire, on en niera la conséquence, du moment qu'il s'agira d'opinions dérivant de certains rapports entre Dieu et la créature. Mais ici ce n'est point la sagesse humaine qui décide. L'homme qui envisage son intelligence et sa raison comme un rayon émané de la Divinité, s'en référera à cette lumière tel qu'à un guide infaillible, propre à lui faire distinguer le juste de l'injuste, la vérité de l'erreur. Il s'entient avec assurance et sans appel à cette primitive révélation divine. « La raison, dit-il, étayée « par la religion, est l'unique règle de ma foi et de « ma conduite. Elle me donne la parfaite intelligence « de l'ordre qui régit le monde moral. De cet ordre « je conclus quelle est la volonté bienfaisante et immuable de Dieu, dont la connaissance fait à la fois « ma gloire, mon droit et ma loi, tandis que l'observation de cette volonté s'accorde avec mes devoirs les plus sacrés et mes intérêts les plus chers. « Dieu, qui me donna en partage d'aussi riches dons, « ne peut de toute impossibilité vouloir que je ferme « les yeux à une lumière qui n'émane que de lui; il « ne peut vouloir que j'adopte aveuglément et sans aucun examen, ce que l'arbitraire de mes semblables « m'ordonne de croire et d'avouer. Non; cette voix « qui se fait entendre à mon âme, c'est celle de Dieu « même, donc elle est ma loi. La méconnaître, la « renier serait de ma part la plus noire ingratitude, « et l'opposition la plus manifeste à l'ordre établi par « Dieu même." Si le cas n'existait point aussi positivement dans le monde moral et physique, dans l'État et dans l'Église, comme au divan et à la mosquée, nous aurions droit de douter qu'il pût exister une nation assez barbare, dont les lois civiles et religieuses tendissent à assujettir le bon sens aux entraves de l'ignorance la plus absolue. Malheur au peuple assez dépravé, chez lequel le Musulman, n'importe sa force numérique, intercepte cette divine lumière, et déclare ouvertement la guerre à une tyrannie sans nom comme sans bornes. Ici une confusion inextricable se manifeste visiblement. Un tel état marche à grands pas vers sa ruine. Le supplice de la strangulation ou du pal, les bûchers et les noyades peuvent comprimer l'opinion éclairée des sages; mais la sédition et la violence détruiront de fond en comble l'État lui-même. Heureux qui, encore à temps, abandonne le sol natal, pour aller, sur une terre étrangère, respirer en paix l'air de la liberté.

Certes, on ne pourra jamais soupçonner aucun souverain ni aucun peuple, à moins qu'ils ne soient tombés l'un et l'autre dans une profonde barbarie, d'avoir voulu conclure un pacte mutuel tendant à corrompre le bon sens et avilir la volonté de l'homme, tandis que ce sont la civilisation et le progrès des lumières qui doivent servir de loi fondamentale à toute société humaine.

Non, non; il est faux que l'homme puisse méconnaître ou désavouer le but que Dieu s'est proposé dans l'établissement de l'ordre moral, vu qu'il trouve dans l'hommage rendu à la raison, ce don si précieux qu'a départi la Divinité à toutes ses créatures, l'unique moyen de juger de la valeur de ces prétendues révélations de fanatiques, de ces rêves creux de leur imagination, pour l'empêcher de ne jamais chanceler dans sa foi. Or, quoique puisse ordonner sous ce rapport l'autorité d'un seul ou de plusieurs, le for intérieur lui dira toujours en pareil cas : *Qu'il vaut mieux obéir à Dieu qu'aux hommes* (1). Il ne m'est

---

(1) *Actes des Apôtres*, chap. IV, v. 19, et ch. V, v. 29.

m'est en aucun temps permis d'acquiescer à ce qui s'oppose aux inspirations de cette conscience, que l'Évangile éclaire et fortifie avec tant de magnificence; à ce qui est contraire à mes lumières, et à ce que je crois constituer mes devoirs comme chrétien: sinon je me rends coupable de transgression envers la loi positive de l'Être-Suprême, de dégradation de ma propre nature, de violation formelle de mes devoirs, lesquels exigent que je coopère, en tant qu'il est en moi, à la propagation ici-bas du règne spirituel de Dieu, règne fondé sur la vérité, la vertu, la perfectibilité et sur le bonheur des humains en général, et de chaque individu en particulier.

Sous quel magnifique point de vue ne s'offre-t-elle point ici la sublime doctrine du Sauveur du monde, considérée comme nouvelle loi divine et révélation dernière! Oui, c'est elle qui décide sans appel. Quoique l'on puisse alléguer, touchant la dépravation générale de l'espèce humaine avant la venue de Jésus-Christ, c'était un vice qui attaquait les nations et non les individus. L'histoire de tous les siècles nous apprend l'intervention de tant d'hommes éclairés, également distingués par leur amour pour la vérité et pour la vertu. Depuis Zoroastre jusqu'aux Prophètes de l'ancienne loi; depuis les sept Sages de la Grèce jusqu'à Socrate, qui, pour avoir annoncé et reconnu l'existence de Dieu, fut condamné à boire la ciguë; depuis ce philosophe jusqu'aux temps héroïques des Macchabées, tout atteste le désir qui les animait de parvenir à une réforme, en dévoilant la folie du polythéisme et de l'astrologie judiciaire, qu'ils attaquaient avec vigueur; tout atteste la conception de notions plus saines, tendantes à *adorer Dieu en esprit et en vérité.* Or, à quoi attribuer le mauvais succès de ces infatigables efforts, si ce n'est à la tyrannie de conscience et à la loi réglant le culte public, qu'on ne voulait en aucun temps enfreindre? En effet, plus nous abondons en ce sentiment, qui de sa nature même se recommande tant à nous, savoir *que Dieu ne s'est jamais laissé sans témoignage*, attendu que, dans tous les siècles comme chez tous les peuples, il a mis clairement sa lumière en évidence pour l'intelligence des opinions religieuses, plus aussi nous devons reconnaître que la faculté qui nous est donnée, s'accorde parfaitement avec la nature humaine; qu'elle a pour but de nous faire parvenir, à l'aide d'un soigneux examen, à la connaissance de la vérité; à celle de Dieu, par la contemplation de ses oeuvres, afin de nous porter à l'honorer et à obéir à sa volonté, en tant que loi universelle.

C'est à toi seul, divin Jésus! toi qui es l'oint du Seigneur! que nous devons la connaissance de cette doctrine si pure et si céleste. Tu nous fis connaître Dieu comme le créateur, le conservateur, le dispensateur et le père de tous les humains, ainsi que de chacun d'eux en particulier. Ta doctrine fut exclusivement celle de la sainteté et de la vertu. Selon tes promesses, ses salutaires effets germent en attendant un avenir inconnu et illimité. Ta prédication repose sur ce principe sacré, qu'en tout temps l'homme a suffisamment de moyens pour fuir la contagion du siècle, pour se réfugier au sein de la morale et parvenir à la perfection, en faisant de l'éternelle vérité une saine explication.

Ce plan vraiment digne d'un Dieu, celui de rendre l'homme tel qu'il peut et doit devenir d'après son essence, fut exécuté par toi seul, divin Jésus! C'était un plan absolument nouveau; c'était un mystère pour le Juif comme pour le Païen. Nulle école de prophètes ou de sages n'avait jamais entrepris cette tâche; elle eût été pour eux inexécutable. La prédication de Jésus-Christ, surtout celle aux Gentils, revêtue de toute sa simplicité évangélique, était entièrement inattendue. Les Juifs s'indignaient de lui voir rejeter comme inutile la multiplicité de leurs cérémonies; les Grecs, s'enorgueillissant de leur prétendue sagesse, la méprisaient, parce qu'elle faisait appel aux consciences individuelles et s'élevait au-dessus des vaines théories d'une philosophie contentieuse. C'était là le *Mystère* dont parlent les Saintes Écritures (1). L'Évangile n'en connaît pas d'autres, ni ne les prescrit comme articles de foi; sauf les nombreux secrets de la nature, que le philosophe même le plus éclairé ne saurait tous expliquer. Comment d'ailleurs une révélation divine pourrait-elle prescrire comme articles de foi des mystères? L'idée même implique contradiction. Bien au contraire: sa révélation divine émanée de la bouche de Jésus, était la simplicité même; elle était à la portée de l'intelligence de tout le monde; elle s'appliquait à toutes

---

(1) *St. Matthieu*, chap. XIII, v. 11. *St. Luc*, ch. VIII, v. 10. *Ep. aux Romains*, ch. XVI, v. 25 et 26. I^e aux *Corinthiens*, ch. II, v. 7. *Éphésiens* ch. I, v. 9 et 10, et ch. III, v. 3, 4, 9 et 10, *etc.*

les classes d'hommes. Aussi ce ne sont que les fausses interprétations des commentateurs de l'Écriture Sainte, interprétations que le bon sens et la philosophie naturelle jugent nuisibles aux chrétiens (1). Il y a telles phrases, expressions, allégories, doctrines, circonstances et actions qui peuvent, attendu le laps de temps qui s'est écoulé depuis, nous paraître obscures, même inintelligibles à une première lecture; mais qui ne conçoit qu'une langue morte, tombée en désuétude depuis plusieurs siècles, et que parlait un peuple rempli de préjugés, devait nécessairement, renfermer nombre d'expressions dont le sens oriental ne peut être rendu que d'après le génie des langues vivantes? D'ailleurs la morale, cet unique objet de la prédication évangélique, est de nos jours encore tout aussi compréhensible pour quiconque recherche sincèrement la vérité, qu'elle l'était il y a dix-sept siècles. Bien loin de vouloir mettre aucune entrave à la liberté de conscience, Jésus annonçait ouvertement, et ses Apôtres le répétaient en son nom, qu'il désirait entièrement abolir un pareil asservissement (1).

Non certes, et nous le répétons: Dieu se contredit tout aussi peu dans sa révélation que dans la na-

(1) Ep. 1re aux *Corinthiens*, Chap. II, v. 4 et 5, 2e aux *Corinthiens* Ch. X, v. 5. *Colossiens*, Ch. I, v. 21, et Ch. II, v. 4.

(1) *St. Matthieu*, chap. V, v. 21 à 48, et ch. XI, v. 45, *St. Luc.* ch. X, v. 21, *Ep. aux Romains*, ch. XII, v. 1 en 2, 1e aux *Corinthiens*, ch. I, v. 19 à 25, et ch. X, v. 15, aux *Galates*, ch. V, v. 1, 1re aux *Thessaloniciens*, ch. V. v. 21, et 1e de *S. Jean*, confrontée avec ch. IV, v. 1, *Galates*, ch. II, v. 3 à 5. où l'Apôtre S. Paul donne ouvertement à connaître l'insuffisance et l'incompatibilité de la loi de Moïse.

ture. Il n'y a que le jugement seul, lequel, assis maintenant sur des fondemens plus solides qu'il ne le fut jamais, puisse, tout en consultant les langues et l'antiquité, nous conduire à la parfaite intelligence des Écrits Sacrés. Nous ne nous en tenons plus à des traditions rabbiniques, ou à des controverses philosophiques sur des sujets inexplicables. Nous ne désirons connaître que la doctrine toute divine de l'Évangile, de ce code sacré qui ne se contredit jamais, mais dont le langage éloquent s'adresse aux esprits non prévenus, aux cœurs non corrompus de tous les temps et de tous les âges. Gloire au génie du siècle, de ce que nous sommes entièrement revenus d'un pareil préjugé. Oui certes, nous rejetons de nos jours assez unanimement l'opinion mille fois répétée de ces prétendus sages et théologiens des siècles antérieurs, qui osaient soutenir, qu'il était possible que la Bible enseignât des doctrines que la philosophie et la religion rejettent comme fausses : tout comme si, par contre, certains dogmes, reconnus vrais, fussent, d'après l'esprit de la Bible, réputés faux. Nous déclarons, selon les règles d'une saine exégèse, que les hérésies contre lesquelles nous prémunissent les Apôtres, ne se rapportent qu'aux dissentions, aux schismes et aux sectes des premiers temps après Jésus-Christ, dissentions qui ne tendaient à rien moins qu'à rompre les liens d'une paix mutuelle, alors qu'on s'occupait de la recherche de la vérité par excellence. Bien loin, en effet, que la primitive Église chrétienne s'attachât à telle doctrine ou opinion particulière, elle en tolérait au contraire plusieurs, pourvu qu'elles ne troublassent en aucune manière l'esprit d'union. Bien loin d'expulser de son sein d'honnêtes dissidens, elle les considérait comme autant de vrais confesseurs, manifestant leur zèle non par de vaines disputes, mais dans le but d'encourager la vertu et la piété (1). Un seul et même esprit divin, celui de l'Évangile, animait généralement ceux qui se nommaient imitateurs, disciples et compagnons de Jésus.

Or, comme l'histoire ecclésiastique des derniers siècles est remplie des tentatives les plus insensées propres à semer l'erreur et la discorde, il est par cela même clairement démontré, que l'esprit qui avait animé Jésus et ses Apôtres, s'est totalement perdu. Nulle part l'Église chrétienne n'existait long-temps dans sa simplicité, dans sa pureté primitive. On se disputait pour des mots et pour des dignités. Armée du glaive de la loi, la faction dominante commandait de croire ce qui s'accordait avec ses opinions. Ce n'était plus cette charité du Sauveur qui, lorsque ses Apôtres, aveuglés par leurs préjugés, voulurent appeler le feu du ciel sur les insociables Samaritains, les tança en leur disant: *Vous ne savez de quel esprit vous êtes; car je ne suis pas venu pour faire périr les hommes, mais pour les sauver*. (2). Cependant, à peine ces mêmes Apôtres furent-ils animés d'un plus grand esprit de lumière, qu'ils fondèrent une sainte communion, indivisible

---

(1) Iᵉ aux *Corinthiens*, chap. XI, v. 19. ch. XII, v. 4, 6, 7, 13, 27 et 31, et *Tite*, ch. III, v. 10, confronté avec *St. Matthieu*, ch. XVIII, v. 7, 1ᵉ à *Timothée*, ch. I, v. 4 et 13, ch. VI, v. 3 à 5, 2ᵉ à *Timothée*, ch. II, v. 16, ch. III, v. 1 à 9, *Tite*, ch. III, v. 9, et 2ᵉ de *St. Pierre*, ch. I, v. 3 à 8.

(2) *St. Luc.* chap. IX, v. 54 à 56.

sous le rapport de la charité; éloignée de tout schisme et de toute dissention, et dont les membres, répandus par toute la chrétienté, s'appellent encore la vraie Église (1).

Jésus lui-même était ennemi de toute prétention en opposition formelle avec cet esprit d'insubordination vers lequel tendaient les Juifs de son temps en haine des Romains. Il combattait rigoureusement le préjugé qui les portait à désirer en lui un second Juda-Macchabée, à vouloir le proclamer Roi-Messie, fondateur d'un empire terrestre; préjugé en contradiction manifeste avec la nature de son économie morale (2). Il n'avait rien de commun avec le droit civil ou la loi. Il laissait dépendre les usages du temps et des circonstances, sans rien prescrire à ce sujet. Si sa doctrine eût atteint son but salutaire, la paix et la charité régneraient sur la terre, sans que l'on vît éclater aucune haine politique ou religieuse. La justice servirait de base, la discorde serait bannie, la vérité honorée, la vertu sanctifiée, et la société organisée de manière à assurer le bonheur et le perfectionnement de la masse entière.

Pour atteindre ce but salutaire, il suffisait d'en appeler aux décisions immuables de la conscience, comme type de l'éternelle vérité. Voilà pourquoi il était parfaitement inutile que Jésus et ses Apôtres

---

(1) Confrontez *Romains*, chap. XII, v. 16, et ch. XV, v. 5, avec la 1º aux *Corinthiens*, ch. I, v. 9 à 13, *Philippiens*, ch. II, v. 2, et ch. III, v. 15 et 16.

(2) *St. Matthieu*, chap. V, v. 17 à 19, et 43 à 45, *St. Luc*, ch. XII, v. 13 et 14, et ch. XXII, v. 25 et 26, et *St. Jean*, ch. VI, v. 15, ch. VII. v. 11, et ch. XVIII, v. 36.

formassent un code de théologie, dont la traduction en diverses langues devînt une source inépuisable de disputes. Toute sa doctrine se trouve renfermée dans ces deux préceptes de morale : *Tu aimeras Dieu de tout ton cœur, et ton prochain comme toi-même* (1). Aussi les Apôtres ont-ils répété d'après leur maître : *Dieu a fait d'un sang tout le genre-humain, pour habiter sur toute l'étendue de la terre, afin qu'ils cherchent le Seigneur et le trouvent, encore qu'il ne soit pas loin de chacun de nous* (2). Ils ont fait en outre la déclaration formelle que voici : *Nous* (chrétiens) *sommes l'ouvrage de Dieu, étant créés en Jésus-Christ pour les bonnes œuvres, afin que nous y marchions. Il est notre paix qui,* par l'absolution des lois cérémonielles de Moïse, *devait réunir les Juifs et les Gentils* en un seul peuple religieux, en une seule communion sainte *devant Dieu par la croix* (3). Si cette doctrine s'adoptait généralement, il s'ensuivrait l'établissement d'une communion vraiment saine, dont les membres, il est vrai, varieraient d'opinion ; car d'après la nature des conceptions humaines il ne peut en être différemment ; toutefois *s'étudiant à garder l'unité de l'esprit par le lien de la paix, et se supportant les uns les autres par la charité* (4). On ne pouvait dans ces temps en appeler à la décision de tel ou tel individu élevé en dignité ou en puissance, comme plus tard on en appela aux déci-

---

(1) *St. Matthieu*, chap. XXII, v. 37 et 39.
(2) *Actes des Apôtres*, ch. XVII, v. 26 et 27.
(3) *Éphésiens*, ch. II, v. 10, 14, 15 et 16.
(4) *Éphésiens*, ch. IV, v. 3, et *Colossiens*, ch. III, v. 13.

sions des pères et des conciles. Le Sauveur lui-même, *lorsqu'il remit les clefs du royaume des cieux* (c'est-à-dire le règne spirituel du Messie ou l'Église chrétienne) à l'un de ses Apôtres, *pour lier ou délier sur la terre* (1), n'avait à coup sûr d'autre objet en vue que les travaux apostoliques des premiers temps de la fondation de son Église; objet qui nécessitait l'attention la plus scrupuleuse et la plus exacte. Lui-même demeura toujours le chef de l'Église, sur laquelle il continua d'exercer sous l'autorité de Dieu une domination morale, sans que jamais il transmît ou voulût transmettre cette suprématie à aucune créature (2). Il n'a en effet donné d'autre pouvoir aux Apôtres, en les investissant de leurs fonctions, que celui *d'enseigner les nations* et de

(1) *St. Matthieu*, chap. XVI, v. 19, confronté avec les ch. XVIII, v. 18, et XXIII, v. 12 et 13, *Actes des Apôtres*, ch. XV, v. 13 et 28, et XX, v. 17, indique clairement qu'il ne s'agissait ici que des premiers temps du christianisme, spécialement de *l'admission* de prosélytes ayant les dispositions requises, ou *du refus* d'autres qui ne les possédaient point. Si malgré cela on voulait soutenir encore que St. Pierre fut le premier évêque, on trouvera à cette opinion nombre de contradicteurs. Eusèbe cite Jacques, surnommé le Juste, comme chef de l'ancienne église de Jérusalem (*Historia Ecclesiastica, lib. II, cap.* 1.); Linus, comme l'étant de celle de Rome (*Ib. l. III, cap.* 2.), et Euodius, de celle d'Antioche (*Ib. cap.* 22). Il est en outre clairement démontré que l'autorité déférée à St. Pierre résidait non en lui seul, mais collectivement chez les conducteurs et anciens des premières églises chrétiennes, et que l'origine de l'autorité épiscopale ne date que du 3e ou 4e siècle. (*Iren. adv. hær. lib. III, cap.* 3, et *lib. V, cap.* 6).

(1) *St. Matthieu*, chap. XXVIII, v. 18 et 19, *Éphésiens*, ch. I, v. 21 et 22, IV, v. 15 et 16, et V, v. 23, et *Colossiens*, ch. I, v. 18, et XI, v. 10.

les incorporer dans l'Église chrétienne. Son autorité était entièrement divine et procédait de Dieu même qui, quoique beaucoup transgressent ses lois, ne cesse jamais d'exercer le bien indistinctement et même de faire tourner le mal à bien. Il a voulu *qu'aucun homme ne pérît, mais que tous vinssent à la repentance* (1). Qu'il est magnifique ce caractère distinctif du christianisme, confirmé et manifesté bien plus encore dans la personne du Sauveur, lorsqu'il établit sa doctrine sur ce principe éminemment moral émané de Dieu même ! Dieu est le père, le bienfaiteur par excellence de tous les humains. Son économie morale, qui comprend tous les hommes vraiment bons, est celle d'une bienfaisance libérale, conforme aux inspirations de la conscience, à laquelle Dieu a imprimé ce sentiment, comme témoignage de sa loi et de sa constante bonne volonté. Jésus maintient cette loi de nature, sans jamais se prévaloir d'une autorité suprême. Il n'admet aucune distinction de mérite entre ceux qui le reconnaissent. *Vous m'appelez Maître et Seigneur* (dit-il à ses Disciples), *et vous dites bien, car je le suis. Si donc moi, qui suis le Seigneur et le Maître, ai lavé vos pieds, vous aussi devez vous rendre les uns aux autres jusqu'aux services les plus humbles. Je vous ai donné un exemple, afin que vous fassiez de même* (2). *Quiconque s'humiliera soi-même deviendra le plus grand dans son économie. Ce ne seront pas*

---

(1) *St. Jean*, chap. X, v. 28, et 2º de *St. Pierre*, ch. III, v. 9.
(2) *St Jean*, chap. XIII, v. 13 à 15, et *St. Matthieu*, ch. XXIII, v. 8 et 10.

ceux qui lui diront *Seigneur, Seigneur !* sans rien faire de plus, *mais ceux qui suivront la volonté bienfaisante de Dieu*, qui deviendront les seuls vrais chrétiens (1).

A cette défense d'exercer aucune suprématie, le Sauveur recommande de plus expressément, à tous ceux qui aiment la vérité, la recherche de la vraie lumière. Il veut que, tout en s'éclairant de ses rayons, on ne s'écarte en aucune manière ni des principes qu'établit sa doctrine, ni de la volonté de son Père céleste, *le Dieu* seul bienfaisant; *qu'il faut adorer en esprit et en vérité* (c'est-à-dire d'un cœur pur), *puisqu'il n'en demande que de tels pour l'adorer.* Ce mode d'adoration, il veut qu'il soit suivi par tous les hommes indistinctement (2) : *Dieu n'a point d'égard à l'apparence des personnes*, c'est-à-dire qu'il ne donne aucune préférence aux uns sur les autres ; et c'est en cela que s'accorde parfaitement la prédication des Apôtres. Il ne considère ni le rang ni la dignité ; il n'établit aucune distinction d'états ou de peuples ; *mais, en toute nation, celui qui le craint et s'adonne à la justice, lui est agréable* (3). C'est d'après ce principe que chaque chrétien, écartant tout esprit de secte, est tenu de s'occuper sérieusement *de l'enseignement et du bonheur de ses semblables* (4). C'est dans cela même que con-

---

(1) *St. Matthieu*, chap. V, v. 19 et 21, et XVIII, v. 1 à 4.
(2) *St. Matthieu*, chap. XXIII, v. 9, et *St. Jean*, ch. IV, v. 23.
(3) *Actes des Apôtres*, ch. X, v. 34 à 36.
(4) *Romains*, chap. XII, v. 7 à 10, ch. XIV, v. 10 à 13, et 22 à 24, et ch. XV, v. 5 à 7, et *Colossiens*, ch. III, v. 12 à 17.

siste la vraie religion qui sanctifie l'homme, puisqu'elle est conforme à la volonté toute puissante de Dieu (1) et c'est par suite de cette conformité que tout partisan de la *vérité* parvient à la vraie lumière, à cette *liberté* raisonnable qui affranchit le chrétien de toute servitude morale (2). C'est donc suivant ce fondement que *Dieu rendra à chacun selon ce qu'il aura fait en cette vie, soit bien, soit mal* (3). Enfin, comme la vérité est une par essence, et que tous ceux qui la recherchent sérieusement peuvent la trouver les Apôtres excluent de leur communion tout prétendu fidèle qui prêche une doctrine étrangère, en opposition avec les vrais principes de tolérance que nous venons de tracer. (4).

Toutes ces observations, tous ces éclaircissemens nous mettent suffisamment à même de juger, avec

---

(1) *St. Jean*, chap. III, v. 21, et ch. IV, v. 21 à 24, *Romains* ch. XII, v. 1 et 2, et ch. XIV, v. 12, 1e aux *Corinthiens* ch. X, v. 15, 2e aux *Corinthiens*, ch. I, v. 24, *Galates*, ch. V v. 1, 1e aux *Thessaloniciens*, ch. V, v. 21, 1º à *Timothée* ch. II, v. 4, et 1e de *St. Jean*, ch. IV, v. 1.

(2) *St. Jean*, ch. VIII, v. 32, 2e aux *Corinthiens*, ch. III v. 17. Que l'on fasse surtout attention à la première de ces citations, celle de l'évangéliste, parce que la doctrine de la liberté morale y est expressément recommandée, en ce qui concerne sa nature et ses résultats, par le Sauveur lui-même : » La doctrine que je vous annonce, et qui est vraie dans son essence vous délivre de toute corruption et vous fait triompher de tout mal."

(3) *St. Matthieu*, chap. XVI, v. 27, *Romains*, II, v. 6, 1e aux *Corinthiens*, ch. III, v. 8, 2de aux *Corinthiens*, ch. V, v. 10 et *Galates*, ch. VI, v. 5.

(4) Ie aux *Corinthiens*, ch. XVI, v. 22, et *Galates*, ch. I v. 8 et 9.

connaissance de cause, des vrais caractères de la liberté chrétienne. Elle est en parfaite harmonie avec la liberté naturelle tendante à ennoblir l'homme. Celui-ci, maître de son esprit, n'est comptable qu'à Dieu et à sa propre conscience. Formé sur la doctrine de Jésus, par cela même affranchi de toute domination étrangère, il participe à toutes les connaissances indispensables et lumineuses de bonheur et de devoir, qui le portent *à adorer Dieu en toute vérité*. Il examine et décide par lui-même. L'examinateur et le juge résident dans sa propre conscience. Son jugement lui fait rechercher, découvrir et comparer dans la doctrine de Jésus, consignée dans les livres sacrés de la Nouvelle Alliance, tout ce qui lui est nécessaire de connaître et de pratiquer. Il laisse là tout ce qui ne se rapporte point à cet objet, se contente de ce qui lui sert de règle, en recommande l'observation partout où il est convenable de le faire, et se confie au surplus entièrement en la sagesse divine.

L'homme, doué d'un esprit cultivé, juge indigne de lui cette inactivité, cette nonchalance servile, qui portent à rejeter tout examen et à suivre aveuglément tout ce que l'autorité ordonne de croire ; ce qui est en effet méconnaître ce don précieux de la Divinité, qui mène à la connaissance de la vérité. Cette insouciance est d'autant plus indigne du chrétien, qu'il connaît parfaitement par les révélations de son Sauveur, qui est aussi celui du genre-humain, le but et la volonté de Dieu. Pénétré de cette vérité, il ne soumet jamais son jugement à n'importe quelle opinion ou autorité humaine. Il préfère demeurer personnellement responsable, que de céder à qui que ce soit l'exercice de ses facultés, dont nul n'a le droit de l'affranchir, ni lui-même celui de maîtriser la conscience d'autrui. Il est élevé au-dessus de toute servitude, parce que chez lui la connaissance, la perfection et le bonheur sont intimement liés à ses devoirs les plus sacrés. Il fait usage avec gratitude et respect du travail de ceux qui ont avant lui recherché la vérité religieuse; mais il ne se rend à leur opinion qu'après de mûres réflexions et une intime conviction. Recherchant tout par lui-même, il se réjouit de ce que la lumière, de jour en jour, brille davantage à ses yeux. Il avance de vérité en vérité, et ses persévérantes recherches sont sans fin.

Cette culture de l'esprit marche de front avec la connaissance de la religion. Elle demeure constamment pour l'homme un objet éminemment sublime de contemplation. C'est eu égard à ce beau point de vue, que le chrétien se pénètre de la sainte obligation d'unir la saine doctrine au devoir, d'en recommander l'observation à autrui, et de concourir au progrès des lumières. Il sait en tout temps distinguer la vérité de l'erreur, le certain de l'incertain, la certitude du doute. Il sent fortement toute l'importance du bon et du vrai. Il communique ouvertement à ses semblables la surabondance de ses connaissances. L'ancienne barbarie disparaît. Les belles-lettres attestent le plus haut degré possible d'éclat et de gloire. La science étend son domaine, et la tolérance triomphe. C'est ainsi que l'on voit, de jour en jour, se resserrer davantage les liens qui unissent l'homme à son semblable et les nations entre elles. Que dis-je? *tout le genre-humain, issu d'un seul sang*, (*car nous aussi*, comme le dit Aratus, *nous sommes de la race de Dieu*,) tout le genre-humain, dis-je, s'unit en une seule communion sainte (1), guidée par une seule loi, destinée à un même degré d'élévation, à un seul et même bonheur. Tout ceci est, et demeure pour lui l'inspiration nécessaire et inaltérable de sa propre essence.

Si maintenant cette remarque est applicable à l'Église de Jésus-Christ en général, elle l'est également à chacune de ses parties. Considéré dans un sens plus abstrait, il paraîtrait assez qu'une communion aurait le droit de s'entendre, pour déclarer collectivement ce qui suit : « Voici, d'après de mûres ré-« flexions, notre sentiment unanime sur tel ou tel article de foi. »

Autre chose aurait lieu cependant, si pareille communion s'arrogeait exclusivement le droit de prescrire ce qu'il faut croire. Il lui est certainement bien permis d'exprimer le vœu de voir naître une uniformité de croyance ; il lui est bien permis encore de remontrer aux esprits égarés leurs erreurs : tout ceci demeure dans les bornes de l'autorité et du devoir évangélique. Mais anathématiser des membres de l'église qui d'ailleurs ne manquent point à leurs devoirs comme chrétiens, voilà qui serait à la fois absurde et pernicieux. Je dis *absurde*, parce que, prétendant à l'omniscience, on s'arrogerait une autorité dénuée de tout fondement, propre à entraver les progrès de la civilisation, ce qui serait contradictoire au but et aux devoirs du christianisme ;

(1) *Actes des Apôtres*, chap. XVII, v. 24 à 29.

pernicieux dans son exécution, parce que ce serait fournir un déplorable aliment à l'esprit de schisme et de controverse. Disons-le : on s'arrogerait un droit illégitime, tandis qu'on heurterait de front la postérité, qui n'en tiendrait aucun compte, attendu que celle-ci ne jure jamais par la foi de ses ancêtres.

Consultons les écrits des pères : quelle lutte d'opinions et de croyances n'y découvrons-nous point! Que de fois ne disputèrent-ils point sur des systèmes qu'ils étaient loin de comprendre! Que de fois n'adoptèrent-ils point, sur divers fondemens, des dogmes précédemment réprouvés comme hétérodoxes, ou n'en rejettèrent-ils point qui étaient déjà adoptés comme articles de foi! De là ces interminables disputes sur l'explication des Saintes Écritures, disputes qui se sont perpétuées jusqu'à nos jours, faute d'autorités ou de règle péremptoire. De-là l'audace inouïe du pape Grégoire VII, antérieurement connu sous le nom de Hildebrand, qui ordonna dans ses *vingt-sept décrétales* (*dictatus*) : « Qu'aucun des livres de l'Écriture Sainte ne pourrait être « déclaré canonique, qu'aucun commentaire n'en se- « rait toléré, qu'aucun clerc ou laïque ne pourrait « abjurer ses opinions que d'après son autorité et « son approbation (1). » C'est donc à juste titre que le cardinal de Cusa, l'un des hommes les plus célèbres du quinzième siècle, écrivit, dans sa lettre au clergé de Bohême : « Le juste sens de l'Écriture

---

(1) Greg. M. *Epp. lib. IV, V et VII.* J. de Lannoy *Assertio in privil. S. Medardi Op.* tom. III, p. 11. pag. 266 *seqq*.

« Sainte se détermine d'après la méthode de l'Église.
« Celle-ci l'explique tantôt d'une manière, tantôt d'une
« autre qui lui est entièrement opposée (1)." En effet, toute autorité émanée des hommes est à la fois contraire aux fins de la religion, à la nature morale de l'homme et au but du christianisme. Or, quoique la vérité ne soit qu'une, et que tout ce qui est nécessaire au vrai bonheur de l'homme, tel que l'enseigne la doctrine chrétienne, doive être également manifesté pour tous, il n'en est pas moins vrai, qu'attendu les variations de l'esprit du siècle, la chose n'est pas toujours possible, ce qui nécessite par conséquent en tout temps les recherches les plus exactes des hommes éclairés : s'y opposer serait un sacrilége. Quiconque voudrait insister à cet égard sur une parfaite uniformité d'opinions, fût-il un habitant de la prétendue Utopie, se livrerait sans contredit aux chimères de son imagination; et en abattrait beaucoup plus qu'il ne lui serait jamais possible d'en édifier. Le vrai chrétien ne reconnaît qu'une seule source pure de connaissances, savoir l'Évangile et ses documens. Son explication est en tout temps une prérogative attachée à la civilisation, qui fait constamment des progrès.

Il est vraiment heureux que l'Écriture Sainte elle-même ait prescrit les limites que doit respecter l'autorité, en matière d'examen religieux. Qui ne voit, en effet, que le même droit auquel des chrétiens pourraient individuellement prétendre, pour s'engager et obliger d'autres à suivre une certaine doctrine; l'autorité civile, chargée des intérêts généraux de la

(1) *Ep. VII. ad cler. Bohem.*

société, pourrait également se l'arroger pour maîtriser les consciences? Quelle plus noble destinée, que celle de veiller sur l'introduction de ces dogmes erronés, de ces doutes, de ces incrédulités, de ces superstitions même qui pourraient sourdement miner la moralité, la paix et le bonheur de la société? Les Apôtres du Sauveur eux-mêmes, quoique s'occupant tout aussi peu que leur maître de distinctions sociales. ne se sont nullement montrés indifférens à ce sujet. Il est vrai qu'ils avaient bien tous en vue cette même économie morale que Jésus avait pris à tâche d'établir sur la terre, tout en conservant à chacun ses droits et sa liberté. Toutefois ils connaissaient l'abus que l'autorité de leur temps faisait de son pouvoir, et c'était contre ce même abus que se dirigeaient leurs sévères remontrances. Si Jésus lui-même, comme nous l'avons précédemment fait observer (1), s'était déjà ouvertement expliqué à ce sujet, eux aussi manifestèrent la plus vive sollicitude, afin de prévenir tout égarement possible de l'esprit et du cœur. L'Apôtre éclairé des Gentils déclare, il est vrai, *que le prince est serviteur de Dieu*, représentant ici-bas la Divinité (2); mais avec quelle force ne s'élève-t-il point en même temps contre les décisions des siècles anciens et modernes? Aussi ajoute-t-il expressément ces mots: *Il est serviteur de Dieu* POUR LE BIEN, *ordonné pour punir*, non ceux qui ont des opinions erronées ou qui enseignent de fausses doctrines, mais CEUX QUI FONT LE MAL. Il

---

(1) Voyez page 22.

(2) *Ep.* aux *Romains*, chap. XIII, v. 4.

faut donc qu'imitant la Divinité, qui fait le bien sans jamais se lasser, *il veuille et fasse aussi constamment le bien.* Or, quels sont les cas où l'autorité doive se mettre en opposition et sévir? Lorsque les institutions divines sont positivement violées sur la terre; lorsque la paix et la charité voulues par Dieu et par Jésus font place à des troubles, à des haines, à des jalousies, à des inimitiés, à des violences même; lorsqu'un esprit de faction et de secte arme le père contre le fils, le fils contre le père; en un mot, lorsque ces fléaux attaquent l'arbre social jusque dans ses racines et détruisent tout bonheur public. Et quand l'autorité satisfait-elle le moins aux vues bienfaisantes de la Divinité? Lorsqu'elle traite l'homme en esclave et dispose de lui arbitrairement, en opposition formelle avec sa nature, ses conceptions, ses facultés, ses lumières....? Quand outrepasse-t-elle enfin ses pouvoirs? Lorsqu'elle dispose arbitrairement des faveurs de la société, qu'elle distribue exclusivement à une secte dominante, au détriment de tous les autres citoyens de l'État, les emplois et les dignités; le tout en contradiction manifeste avec cette bienfaisance universelle de la Divinité, qui favorise, sans la moindre partialité, d'après des lois parfaitement sages, saintes et immuables, toutes ses créatures indistinctement.

Or, quand bien même l'autorité divine du Sauveur serait entièrement méconnue, sa bienfaisante doctrine ouvertement méprisée et rejetée, que l'une ou l'autre secte, ou qui que ce soit, serait assez dépourvue de sens pour nier l'existence de l'Être-Suprême; qu'enfin toute une communion chrétienne vînt à tomber dans l'idolâtrie revêtue de toutes ses extravagances, ce qui, après un triomphe de dix-huit siècles de la vérité sur l'erreur, ne peut se présumer; encore paraît-il, selon les préceptes de l'Évangile, que l'autorité publique n'aurait ni la faculté ni le droit de condamner au bannissement, d'infliger des peines afflictives ou le supplice du feu, à moins que de pareils actes arbitraires ne fussent accompagnés de violences propres à troubler l'ordre et la tranquillité publique, ou à changer les mœurs, événement qui eut lieu au second siècle, lors de la secte des Ophites (1), et au quinzième, lors de celle des Adamites et des Frères Blancs (2); sectes qui ne pouvaient que nourrir des desseins criminels et se livrer à des actes tyranniques. Ce n'est que dans des cas semblables que l'autorité a le droit d'intervenir, non pour faire prévaloir l'une ou l'autre opinion religieuse, mais uniquement pour le maintien de la justice, et la répression des vices qui pourraient altérer les mœurs ou le bonheur de la société. Il n'y a donc que le fanatique qui, s'enorgueillissant de ses prétendues lumières surnaturelles, sème partout la discorde et la corruption; l'impie qui, foulant aux pieds le bon ordre et les lois établies, se livre à tous les excès; le faux zélateur, qui ne rêve que massacres et bûchers; il n'y a, dis-je, que tous ces innovateurs, perturbateurs du repos public, que le magistrat peut et doit interdire, priver des droits sociaux, punir même exemplairement, non parce qu'ils professent des opinions différentes, mais parce que leurs actions compromettent la sûreté des autres membres de la société, et troublent la tranquillité de l'État.

(1) Mosh. *Hist. Eccles. Helmst.* 1764, pag. 95.
(2) Aen. sylv. *Hist. Boh. cap.* 41. Mosh. *ib.* p. 556.

Oser soutenir le contraire de ce précepte évangélique, ce serait enfreindre positivement le principe éminent de tolérance, imprimé par Dieu lui-même dans le cœur de l'homme, et hautement prêché par Jésus et ses Apôtres. Le Sauveur ne condamne-t-il pas en effet, dans plus de cent passages, l'odieuse hypocrisie des Pharisiens, lesquels soutenaient le plus intolérable piétisme? Envisagé comme simple opinion, ce piétisme pouvait paraître insignifiant; mais dès qu'il dégénéra en une profonde immoralité, ses sectateurs devinrent passibles de punitions : or, il n'en était pas de même de la secte des Sadducéens. Mais où trouver un seul passage où Jésus recommande la persécution, l'exclusion, le bannissement de la société (1)? Avec quelle douceur ne traita-t-il point les Sadducéens, parce que leurs erreurs, quelque graves qu'elles fussent d'ailleurs, ne tendaient point à corrompre le cœur (2)? C'était également en face du mépris formel des dogmes les plus importans du Sauveur, en face même des attaques ouvertes dirigées contre sa doctrine, que les Apôtres instruisaient au lieu de censurer. Seulement ils se contentaient, tout en tolérant les opinions de ces individus, d'exprimer le vœu qu'ils pussent revenir de leurs erreurs et concevoir des notions plus saines. Quand même on excitait des dissentions dans l'Église, ils se bornaient à insister sur la nécessité de parvenir à une conviction plus intime et de

---

(1) *L'Évangile* tout entier de *St. Matthieu* confirme parfaitement cette observation.

(2) Confrontez *St. Matthieu*, chap. XXIII, v. 13 et suivans, avec *St. Luc.* ch. XX, v. 28, etc.

s'appliquer à l'intégrité de cœur, sans recourir à la voie de l'excommunication. Ce n'était que lorsque ces dissentions portaient atteinte positive aux bonnes mœurs, ou menaçaient la sûreté et la liberté individuelle, qu'ils prononçaient l'exclusion, pour empêcher l'augmentation du mal provenant du dangereux exemple que fournit l'esprit de secte (1). C'est donc en opposition formelle avec ce système qu'on fit subir un traitement inhumain à la fanatique Marguerite Porrette, sœur de la secte de l'Esprit libre, qui soutenait *que l'âme est entièrement absorbée par l'amour divin.* Oui, tout irréprochable qu'elle était dans ses mœurs, elle n'en fut pas moins livrée aux flammes l'an 1310, pour cause de son opinion erronée (2). Et quel fut le résultat d'un pareil acte de rigueur ? Que l'erreur se propagea davantage, non par un effet de la conviction, mais par suite de pur fanatisme, dans le but d'obtenir la palme du martyre.

Hélas! de combien de sang innocent les annales de l'Église chrétienne ne sont-elles pas souillées pour avoir établi une distinction dans le principe indivisible qui comprend à la fois la croyance et la conduite; pour avoir absous l'infame hypocrite qui passait pour orthodoxe; pour avoir livré aux plus cruels supplices et à une mort douloureuse l'homme égaré, mais irréprochable et de bonne foi, uniquement parce qu'il était réputé hérétique! Illustre Valentinien I! ta con-

---

(1) Ire. aux *Corinthiens*, chap. XV, v. 12 et suiv., 1re. à *Timothée*, ch. I, v. 20. à *Timothée*, ch. II, v. 18, 1re. de *St. Jean*, ch. II, v. 18 et 19, ch. IV, v. 1 à 3, et 2e. de *St. Jean*, v. 7.

(2) Mosheim, *Hist. Eccles.* p. 524.

duite fut bien différente de celle de presque tous les autres empereurs chrétiens, toi qui maintins si parfaitement la balance entre les différens cultes sans inquiéter personne pour cause d'opinions religieuses, en interdisant même, par une loi d'État, de proclamer coupables des chrétiens pour le seul fait d'opinion (1).

Si l'on veut en effet attribuer à l'autorité civile, ainsi qu'aux conciles, le droit de maîtriser les consciences, quel en sera le résultat, si ce n'est de fréquens sujets de mécontentement pour des injustices commises, d'interminables disputes sur l'exercice de l'autorité séculière, des inimitiés politiques et des factions populaires ? circonstances qui entraveront nécessairement tout rapprochement, toute réunion des esprits ; qui provoqueront l'hypocrisie et l'indifférence en matière de religion, et ne feront adopter d'autre principe pour les transactions morales que celui de l'intérêt personnel.

Qu'il me soit permis de citer à cette occasion deux passages extraits des écrits de deux hommes célèbres des 17° et 18° siècles, qui s'appliquèrent à combattre de toutes leurs forces le système d'intolérance religieuse, n'importe sur quel fondement il soit assis ! Je veux parler ici du philosophe anglais John Locke, et du savant jurisconsulte G. Noodt, ancien professeur à l'université de Leide en Hollande.

« Le salut de l'âme (ainsi s'exprimait le premier) n'est aucunement du ressort de l'autorité civile, les lois mêmes ne pouvant y influer en rien. Il n'existe qu'une seule vraie religion, une seule voie qui mène

---

(1) AMMIANUS MARCELLINUS *in Hist. Rom. lib.* XXX, *cap.* 9. *L. B.* 1693, *et Cod. Theod. de maleficis, lib.* IX.

au ciel : comment donc un grand nombre d'hommes pourraient-ils y parvenir, si chacun d'eux, abandonnant la règle que lui prescrivent sa raison et sa conscience, devait suivre aveuglément les dogmes de son prince, et servir Dieu selon les lois de sa patrie ? Le bonheur ou le malheur éternel dépendrait ainsi uniquement du droit de naissance."

Le même auteur applique ce raisonnement à toutes les circonstances de la vie humaine, et finalement aussi au cas supposé d'idolâtrie. « Quel droit ou quel pouvoir voulez-vous attribuer, dit-il, à une autorité orthodoxe pour opprimer une secte idolâtre, oppression que ne pourrait exercer en d'autres temps et en d'autres lieux une autorité idolâtre sur l'Église orthodoxe ? L'autorité publique étant à peu près la même dans tous les pays, chacune d'elles tient sa religion pour la seule véritable. Si donc l'autorité séculière, soit à Genève, soit en Suisse ou en Saxe, a le droit d'extirper par la violence, par des peines corporelles ou capitales, le culte que son clergé aurait déclaré faux ou idolâtre, l'autorité séculière de Rome pourrait exercer le même pouvoir sur les communions luthérienne et réformée, et les Indiens idolâtres le pourraient également sur toute église chrétienne quelconque."

« De deux choses l'une : ou l'autorité séculière, armée de la force, a le droit d'altérer le culte public, et d'y introduire tout ce que lui prescrit la volonté du prince, ou bien elle doit s'en abstenir. Si l'on admet, ne fût-ce que relativement à un seul article religieux, que l'autorité publique a le droit de l'abroger ou de l'introduire, au moyen de lois, de contraintes ou de pénalités, en vain chercherait-on ensuite à déterminer la mesure, la régularisation ou les limites de ce droit. L'autorité, du moment qu'elle se considère ou veut se faire considérer comme légitime, juste et nécessaire, pourra donc user de contrainte et agir comme bon lui semble."

« Cependant nul ne peut, par rapport au culte qu'il pratique, être privé de ses biens temporels. Il n'est pas même permis d'enlever aux Américains idolâtres, quoique subordonnés à des autorités chrétiennes, leurs biens et leurs vies, uniquement parce qu'ils ne professent point la religion de Jésus-Christ. S'ils croient être agréables à Dieu et sauver leurs âmes, en suivant le culte de leurs pères et celui de leur pays, c'est à la Divinité seule et à eux-mêmes qu'il faut laisser le soin d'en juger (1)."

(1) Voyez ses *Lettres on the toleration. Lett. I, pag.* 46 à 50. John Locke naquit en 1632 à Wrington près Bristol, et mourut à Oates, à vingt lieues de Londres, dans la 73e année de son âge. Selon le témoignage du célèbre T. Sydenham (*Dissert. de morbis acutis. Lond.* 1675, *in dedic.*), Locke était un des plus profonds penseurs de son siècle; il étudia la médecine avec beaucoup de succès, mais la faiblesse de sa santé ne lui permit pas de l'exercer. Il était bon politique; il fut nommé à plusieurs importantes ambassades, et fut en correspondance avec les principaux savans de l'Europe. Il nous reste de lui divers ouvrages distingués, parmi lesquels celui intitulé: *Essai sur l'entendement humain*, lui acquit une réputation universelle. Il rédigea en 1686, lors de son séjour en Hollande, une lettre en latin sur la tolérance (*Epistola de Tolerantia ad. cl. vir. T. A. R. P. T. O. L. A.*; ces lettres initiales signifient: *Theologiae apud remonstrantes professorem, tyrannidis osorem, Limborchium Amstelodamensem; scripta a P. O. J. L. A.* signifiant *pacis amico, persecutionis osore, Johanne Lockio Anglo*; c'est-à-dire : A Limborch, professeur en théologie près les Remontrans d'Amsterdam, par John Locke, anglais, ami de la paix et ennemi

« Dieu donna (c'est ainsi que s'exprimait ouvertement le professeur Noodt) à tout homme la religion en partage, qui dépend bien de la direction de ses idées, mais qui demeure libre et affranchie de toute autorité humaine. Il lui donna en outre la raison, comme une lumière resplendissante destinée à le guider dans ses actions. Tel est le principe de tout droit divin et humain, que ni la contrainte, ni la force, ni la violence, ni une autorité quelconque, n'ont la faculté d'abroger ou de détruire."

« Protéger par une réunion d'efforts et de moyens la tranquillité publique, tant au dedans qu'au dehors, voilà l'origine, voilà le but de la société civile. Tout ce qui peut y concourir doit s'appeler *bien;* tout ce qui s'y oppose doit s'appeler *mal*."

« Le respect envers l'autorité n'a point été institué pour mettre entrave au premier, mais pour que la liberté tende au bien-être général. Tout ce qui, relativement au second, est sujet à des pénalités, se trouve circonscrit dans les bornes de la tranquillité

---

de la tyrannie et des persécutions (*). Cette lettre fut publiée en 1689 à Gouda, et traduite plus tard en hollandais; il est probable qu'elle l'ait aussi été en français; elle parut en anglais à Londres en 1690 et 1692 avec deux lettres postérieures, où il défend courageusement la cause de la liberté religieuse, et combat de même les principales objections. La distinction qu'il y établit entre l'État et l'Église, et le tableau qu'il trace des suites funestes résultant de leur amalgame, ainsi que des hérésies et des schismes de l'Église chrétienne (voyez pages 10, 16, 22, 46, 78 et 90), sont très-remarquables. Ces passages, sous le rapport de leur touche sévère, méritent d'être lus.

(*) Voyez *la Bibliothèque Universelle*, par J. le Clercq, tom. 15. Amst. 1690, pag. 402 et suiv. et *Bibliothèque Choisie*, Amst. 1705, tom. 6. pag. 374.

publique. Le reste demeure absolument libre, et, sans contredit, la religion y tient le premier rang, comme se rapportant davantage au culte du cœur qu'à des fins de prospérité publique. Or, comme ce culte est un don de la Divinité, on n'a pu l'asservir à la loi civile. C'est en vain que vous tourmentez les hommes, si vous croyez par ces moyens violens pouvoir changer leurs opinions en matière de religion."

« D'ailleurs, comment donc la punition pourrait-elle l'atteindre pour des idées qui ne sont pas de son domaine? L'homme peut-il les concevoir comme il le désire? Ne lui viennent-elles pas souvent spontanément, sans qu'il le veuille, et même contre sa volonté?" Comment donc l'homme pourrait-il exercer sur l'âme d'autrui une autorité qu'il n'a pas même sur la sienne?"

« Non, non: ôter à un homme sa vie ou ses biens pour cause de religion, c'est se rendre coupable de vol ou de meurtre. En agir de la sorte, sous le prétexte spécieux de vouloir venger la majesté divine ou humaine, c'est faire parade d'un orgueil impie et monstrueux. On prétend bien se comporter ainsi par un sentiment de piété, et dans l'espoir surtout de sauver les hommes. Mais, je le demande, l'impudence peut-elle jamais tenir un langage plus absurde? Est-ce donc en cela que consiste l'humanité, la charité, le désir de porter secours? Qu'appellera-t-on haine, animosité, peste? ô Exécrables tyrans! Si vous voulez en réalité procurer à l'homme la paix de Dieu, le bonheur suprême, ne torturez, ne déchirez pas cette portion du genre-humain que la douleur seule, et non un libre aveu, force à répondre (1)!"

(1) *Oratio de religione ab Imperio jure gentium libera. Lugd.*

Après ces diverses observations préliminaires, qui répandent un grand jour sur ce sujet en général, nous en venons tout naturellement aux questions elles-mêmes que la société a mises au concours.

1°. « Si les droits de la liberté de conscience et des cultes sont absolument les mêmes pour les ministres d'une religion et pour les fidèles qui la pratiquent; et, dans le cas où ils reconnaîtraient entre les droits de ces deux classes d'hommes quelque différence, à déterminer la limite qui les sépare et quels en doivent-être les effets ?"

Cette question se divise naturellement en deux parties, dont chacune exige une réponse séparée.

Et d'abord, quant au premier point, il mérite, par

Bat. 1706, passim. Le professeur G. NOODT prononça ce beau discours en l'année 1706, époque où il résigna ses fonctions de recteur de l'université de Leide. Il fut traduit plus tard en français sous le titre suivant : *Du pouvoir des Souverains et de la liberté de conscience, en deux discours traduits du latin de* M. NOODT, *professeur en droit à l'université de Leide, par* J. BARBEIRAC, *professeur en droit à Lausanne. Amsterdam 1707 et 1714.* Dans ce discours remarquable le professeur défend la cause de la religion et du libre exercice des cultes, contre tous ceux qui voudraient la soumettre à une jurisdiction temporelle, et réfute toutes les objections contradictoires de la manière la plus victorieuse.

Heureux le pays où l'on pouvait s'exprimer aussi ouvertement et aussi librement, sans avoir à redouter soit de fausses interprétations, soit de cruelles persécutions! Cette franchise provenait de la sagesse du gouvernement de l'État, celui-ci étant revenu à des sentimens plus modérés. Dès-lors cette liberté de conscience, accordée à tous les cultes indistinctement, fut maintenue puissamment et sans interruption en Hollande, même jusqu'à nos jours, notre monarque GUILLAUME I, actuellement régnant, l'ayant constitutionnellement consacrée.

sa nature même, un acquiescement formel. La liberté dont nous parlons ici, existe en réalité, et par cela même elle est universelle. Elle agit d'après l'ordre moral du bon et du vrai, que Dieu lui-même a imprimé dans le cœur de l'homme: cet ordre doit être suivi, comme manifestant le but du créateur. Le droit d'en juger, conformément au même principe, appartient toujours à chaque homme individuellement, sans que quelque autre pouvoir, empruntant d'ailleurs son autorité, puisse s'y ingérer, ainsi que nous l'avons déjà observé.

Le principe d'où émane cette liberté, réside dans la nature même de l'homme. Il est inaltérable et sans bornes. Il ne peut souffrir la moindre contrariété sans qu'il soit porté atteinte à cette même nature et que l'ordre de la création morale de Dieu soit interverti. La révélation chrétienne elle-même confirme cette vérité, et l'histoire atteste la force interne de ce sentiment, puisque tous les partis en dispute, quoique s'appuyant de motifs divers, se sont accordés sur ce seul point, que les décisions de la conscience étaient cette vérité même que chacun croyait avoir trouvée.

Il résulte de ceci, qu'ecclésiastiques et laïques sont sous ce rapport parfaitement égaux. Tous ont mutuellement les mêmes droits à exercer et les mêmes devoirs à remplir, parce que l'Église du Christ n'est fondée que sur la vérité et la vertu, qu'elle n'attribue aucune prérogative aux uns sur les autres, et que celle qu'on pourrait s'arroger, ne serait que l'usurpation d'un pouvoir qui n'est prêché, conféré, prescrit nulle part.

Il paraît exister, il est vrai, quelque différence entre ces deux classes d'hommes, résultant d'une plus forte imagination, d'un jugement plus sain, d'un savoir plus profond, de plus de talens, et d'une plus grande facilité à expliquer et appliquer les passages de la Sainte Écriture; mais cette différence ne provient que du plus ou moins de science, d'où ne peut en aucun temps dériver le moindre droit, parce que la classe opposée s'attribue la faculté de contester, et qu'ainsi la dispute finit par des prétentions d'arrogance, nul ne voulant convenir d'avoir erré. Cette arrogance, poussée à l'excés, dégénère enfin en une complète tyrannie, laquelle exige impérieusement que le jugement d'autrui se soumette à son autorité. Un tel pouvoir usurpé sur la vérité, aigrit les esprits, parce que chacun s'attribue le même droit. Dès que l'on veut substituer l'autorité à ce qui est juste et vrai, unique règle de conduite qu'on puisse et doive admettre, un esprit d'opposition exaspère les cœurs, parce que le principe du droit y élève hautement la voix. Celui-ci qualifie d'ignorance ce que tel autre ne peut comprendre; celui-là rejette ce qui ne lui paraît être que folie. Tous deux s'attribuent une sagesse et une piété qui leur sont, à proprement parler, étrangères ; tous deux se disputent en effet plutôt pour obtenir le pouvoir ou s'y opposer, qu'ils ne le font pour la vérité même.

Or, quand bien même il serait possible qu'il existât certaine différence entre les droits de ces deux classes d'hommes, ce qui, d'après tout ce que nous venons d'alléguer, est de toute impossibilité, où trouver ici la vraie ligne de démarcation qui les sépare ? Elle ne se trouve point à coup sûr dans l'État, car celui-ci ne se compose que d'une réunion d'hommes nés avec les mêmes droits, unis pour un seul et même but de sûreté et de civilisation, qu'il faut envisager comme ne formant qu'un seul corps moral, qui ne possède tout au plus, en cas d'entraves au dehors ou de dissentions intestines, que la faculté de sacrifier individuellement sa propre vie et ses biens. Cette ligne de démarcation se trouve tout aussi peu dans l'Église, car celle-ci n'est dans le fait qu'une communauté qui maintient les relations entre Dieu et l'homme, qui n'a d'autre but que celui de favoriser la plus stricte observance de ses devoirs, et qui n'a pas la moindre prétention à une propriété individuelle quelconque. Ses seules attributions consistent à endoctriner, à exhorter, à encourager, à consoler. Elle n'est destinée qu'à recommander énergiquement la pratique des devoirs dérivant de la religion, non pour agrandir la félicité de l'Être-Suprême ou son autorité, ce qui est l'impossibilité même, mais pour amener la paix de l'âme.

Et quand bien même on viendrait à s'imaginer, qu'il pût exister ici quelque distinction, quel en serait le résultat, si ce n'est la discorde, toute prête à déchirer impitoyablement les liens heureux de la paix?

Ouvrons maintenant les annales de l'Église chrétienne, et commençons d'abord par le règne de Constantin-le-Grand, sous lequel prit naissance l'autorité ecclésiastique; car jusqu'à cette époque le pouvoir épiscopal, tantôt impérieux dans ses ordonnances, tantôt divisé, n'avait fait que vaciller.

Ce n'est point ici le lieu d'examiner, si Constantin embrassa réellement le christianisme par l'intime conviction de son origine divine, ou bien s'il le fit par des motifs politiques; et il importe tout aussi peu de savoir, comment il faut concilier cette adoption avec les actes impérieux auxquels il se livra plus tard. Il suffit de dire que, par son ordre, les temples du paganisme furent fermés, les sacrifices abolis, et qu'il fut enjoint aux gouverneurs des provinces de tenir exactement la main à ces ordonnances.

Ce fut alors que la doctrine évangélique se propagea puissamment : mais par quels moyens ? Par la violence et l'intérêt. Et quel en devint le résultat ? Nul autre que celui de susciter d'interminables disputes concernant l'autorité ecclésiastique, disputes qui s'animaient à mesure que les évêques s'appliquaient davantage, d'abord à détruire l'idolâtrie, conformément aux intentions de la cour, ensuite à imposer silence aux soi-disant dissidents chrétiens, que l'on qualifiait d'hérétiques. Ils s'attaquèrent mutuellement par rapport à l'exercice de l'autorité ecclésiastique, et il demeura long-temps indécis lequel des patriarches obtiendrait la suprématie. Or : de quelque manière que l'on envisage l'affaire, toujours est-il avéré que ni la pureté de doctrine et de conduite, ni la vérité par elle-même, mais l'ambition, la gloire, l'intérêt personnel, et surtout la possession du siége épiscopal suprême, furent les seuls mobiles qui divisèrent les esprits et les cœurs.

Ce fut en vain que l'empereur lui-même reconnaissant, mais trop tard, son erreur, voulut procurer la paix à l'Eglise. Une fois allumé, l'esprit de parti se propagea avec véhémence. On s'imagina qu'un concile seul pourrait apaiser les disputes. La controverse touchant l'essence de la personne du Christ devint générale. Le concile de Nicée prononça. Athanase, soutenu par les favoris de la cour, triompha. Arius fut condamné comme hérétique. On déclara par acte du concile et arrêté de l'empire, que le *Logos*, mot qui comprenait alors toute la dispute théologique, était consubstantiel avec le Père. Ce même empereur fut tantôt le flatteur, tantôt le persécuteur des évêques.

Cependant, la flamme était bien amortie, mais non éteinte. Après la mort de Constantin, la cabale de la cour changea de face. L'ancienne dispute reparut. Ici triomphait l'Arianisme; ailleurs la doctrine d'Athanase. On en vint jusqu'à répandre du sang : heureux les évêques qui parvinrent à conserver la vie en quittant leur pays. Les mêmes disputes se prolongèrent, avec un succès varié depuis le troisième jusqu'au sixième siècle, sans que la vérité gagnât un pouce de terrain. L'empereur Justinien osa se flatter, il est vrai, de rétablir la paix de l'Église entre les orthodoxes et les hérétiques; mais, à la moindre opposition de la part des évêques, il en agissait à leur égard militairement, sans s'inquiéter aucunement de leur vengeance.

Dans cet intervalle, de nouvelles disputes s'élevèrent sur le dogme de la grâce. L'orthodoxie d'Augustin triompha en Orient, et celle de Pélage en Occident. L'évêque de Rome se déclara pour le premier; et, par l'effet de son influence toujours croissante, la lutte fut pour un temps comprimée. Lors de l'établissement à main armée de la doctrine toute sensuelle de Mahomet, au commencement du septième siècle, on vit disparaître à la fois Ariens et Pélagiens, et pénétrer, jusqu'au sein de l'Église chrétienne, de nouveaux schismes, qui finirent par dégénérer en pouvoir absolu.

Qui ne se rappelle, à une époque postérieure, les

événemens survenus au moine Godescalc, lequel ayant outré le système d'Augustin sur la prédestination et la réprobation, vit condamner sa doctrine à trois conciles successifs, tenus en 848, 849 et 853, et lui-même fut flagellé à cause de sa persévérance dans ses opinions, jusqu'à ce qu'il eût jeté de sa propre main son écrit au feu; tandis que trois autres conciles, tenus en 855, 859 et 860, adoptèrent publiquement ce même système (1).

Les principes et les actes de tous les sectaires des siècles postérieurs furent de même nature. Un fatal mélange de religion et de philosophie, la méthode surtout d'argumenter d'après les principes adoptés par Aristote, enfanta de nouvelles sectes et introduisit les formes scolastiques, qui, loin de mettre la vérité en évidence, contribuaient à l'obscurcir. L'Église même, s'écartant du but de son institution, devint une arène d'interminables disputes. L'esprit de domination répandit l'ignorance parmi les laïques et enfanta la rudesse de mœurs parmi les troupeaux, ce qui rendit indispensables des mesures de rigueur, toutefois hasardés, pour sauver les individus et la société entière. La politique amena les croisades, qui, pour remédier en quelque sorte au mal, moissonnèrent des milliers de victimes.

Ce fut avec peine qu'on renonça à la supposition insensée d'avoir trouvé la vérité. Chacun raisonnait d'après ses propres opinions. Chacun s'imaginait que son système était celui de l'Église, tandis que les disputes toujours existantes démontraient évidemment le

---

(1) Sirmondi, *Concilia Galliæ*. Opp. tom. *II*, pag. 985, et *III*, pag. 65 Ed. Ven. 1728, fol.

contraire. Les résultats demeurèrent cependant les mêmes. L'esprit de parti et de persécution déchirait le sein de l'Église. Les entraves mises à la liberté de conscience ne laissaient plus la moindre alternative dans le soin de s'occuper d'aucune recherche. Les événemens subséquens sont trop bien connus de tout amateur de l'histoire, pour qu'il soit nécessaire de les développer ici. Nous aurons vraisemblablement plus d'une fois occasion d'y revenir, dans le cours de cette dissertation.

La seconde question proposée par la société est celle-ci : « Si le respect de la liberté de conscience et des cultes est ou non, entre les diverses croyances religieuses, un devoir pour les ministres et les fidèles de chacune de ces croyances, aussi bien que cette liberté est pour eux un droit ?"

Rien ne nous est certes plus aisé que de répondre d'une manière affirmative à cette question toute entière. Déjà nous avons démontré précédemment que les principes du christianisme sont de leur nature les mêmes pour chaque croyant, par conséquent tout aussi bien pour les laïques que pour les ministres, et sans la moindre restriction quelconque. Tous en effet sont doués d'une même nature raisonnable et ont une même destination. L'un n'a aucun privilège sur l'autre. Tous ont les mêmes devoirs à remplir. L'Église de Christ ne tolère sous ce rapport ni partialité, ni supériorité, ni domination quelconque. Le lien de la paix doit les unir tous. Celui-là seul qui enfreint la loi morale, qui s'écarte du principe de tolérance, qui provoque la discorde au lieu d'exciter à la paix, celui-là seul cesse d'être un digne membre de la société : il en perd tous les droits par son inconduite : en un mot, il cesse d'être chrétien. La discipline de l'Église le recommande uniquement aux soins de ses co-religionnaires, pour le ramener, s'il est possible, de ses erreurs morales, et le transformer derechef en un membre utile de la société. Peu importe qu'il existe ici quelque différence d'opinion religieuse. S'il pouvait en résulter quelque droit, ce qui est de toute impossibilité, cela servirait même davantage à affaiblir qu'à renforcer l'idée capitale. Il s'agit de pratique ; et, lorsqu'elle manque, la tolérance seule peut y suppléer. Celle-ci finit toutefois par se perdre, lorsque des erreurs volontaires entretiennent une résistance ouverte contre la vérité et la vertu.

C'est sous ce rapport que se fait remarquer l'histoire des Vaudois depuis leur première origine jusqu'à nos jours, origine qui date du douzième siècle, et peut-être même du neuvième, sous Charlemagne, du temps de Claude, évêque de Turin, diocèse d'où relevaient les vallées du Piémont. L'on y voit en effet les pasteurs et les laïques de treize troupeaux encore existans, soutenus par les libéralités et la munificence de quelques souverains et gouvernemens, professer sous l'administration ecclésiastique la plus simple, dans les vallées de Luzerne, de Pérouze et de St.-Martin, province de Pignerol, leur doctrine toute pure, sans s'arroger nulle prétention, nul privilége.

Poursuivis depuis le 15e jusqu'au 18e siècle, comme vagabonds et hérétiques ; chassés de pays en pays par diverses guerres successives ; obligés de sceller de leur sang innocent leur liberté religieuse, ils finirent par trouver de la protection en Angleterre, dans les Pays-

Bas, en Suède, dans le Brandebourg et au pays de Hesse-Cassel, où ils continuent d'exister, quoique leur nombre soit considérablement diminué. Ils se consolèrent néanmoins de toutes ces atrocités, parce qu'ils s'en tenaient au principe par excellence, celui de la liberté de conscience. Ils tentèrent de ramener l'Église de Christ à la simplicité primitive des temps apostoliques, et prirent à cet effet l'ancienne Église de Jérusalem pour modèle de leur institution. Forcés par les circonstances, ils publièrent leur confession de foi, où ils exposèrent, il est vrai, quelques dogmes comme symboles de leur croyance; mais ils le firent toutefois sans avoir la prétention d'y assujettir personne ; bien moins encore dans le but de persécuter quiconque différerait avec eux d'opinion. Eux-mêmes, quoique modestement secourus depuis l'an 1816 par le roi de Sardaigne, n'en continuent pas moins d'exercer leur bienfaisance en faveur des indigens catholiques domiciliés dans leurs environs, sans s'informer quel culte ils professent, suivant en cela uniquement les inspirations de leurs cœurs généreux (1). Leurs principes demeu-

(1) Si jamais histoire fut propre à intéresser les chrétiens en général, c'est sans contredit celle des Vaudois. Voyez l'*Histoire générale des Églises évangéliques du Piémont ou Vaudoises*, par J. Léger, Leide, 1669; l'*Abrégé de l'Histoire des Vaudois*, par Boyer, La Haye, 1691; l'*Histoire ecclésiastique des Vaudois*, par J. F. Martinet, en hollandais; Amsterdam, 1775; et l'*Histoire des Vaudois*, (par un anonyme); Utrecht, 1796. 2 vol.

L'anecdote suivante, très-véridique d'ailleurs, d'un sergent-recruteur catholique en Piémont, mérite d'être conservée. « Certain dimanche il devait, de bon matin, parcourir les vallées pour y recruter. La température était chaude. Chargé d'un gros paquet, couvert de sueur et épuisé de fatigue, il entre dans une

rèrent constamment les mêmes, au milieu de mille et mille disgrâces et persécutions. « Il ne peut, disaient-ils, exister que peu de vérités religieuses généralement adoptées par les chrétiens de tous les cultes. Tout ce que d'autres y ont ajouté est entièrement superflu. Il est impossible que Dieu puisse avoir voulu imposer comme articles de foi, ce qui dans tous les temps est pour nous incompréhensible. Le caractère distinctif de leur manifestation et de leur acceptation réside uniquement dans leur tendance uniforme vers le bien public. Or, tous les dogmes à l'égard desquels les chrétiens se disputent, manquent ce même caractère. Pas un seul n'en porte l'empreinte. On peut donc en déduire

---

maison qui lui est inconnue et y demande des rafraîchissemens. Une veuve qui l'habitait, le reçoit avec bienveillance, et lui dit : — *C'est aujourd'hui dimanche, et il est l'heure d'aller au temple; je n'ai pas le temps de vous donner ce que vous désirez, mais voici mes clefs, prenez vous-même la peine de chercher ce qui vous est nécessaire, et reposez-vous jusqu'à ce que je revienne.*" Voilà un trait qui prouve que l'esprit des premiers chrétiens s'est conservé dans toute sa pureté parmi les Vaudois jusqu'en 1814.

Ces simples montagnards ont même donné, en l'année 1825, une preuve non équivoque de leur caractère vraiment chrétien. A peine eurent ils reçu la nouvelle des désastreuses inondations survenues dans les Pays-Bas au mois de Février, même année, que leur Synode ordonna un jour de prières général dans toutes leurs vallées, avec cessation de tout amusement public, et une collecte en faveur des victimes. Et ces mêmes hommes, qui manquent presque de tout ce qui peut contribuer aux commodités de la vie, ces mêmes hommes, dis-je, ont recueilli, malgré leur pénurie, une somme de *fr.* 4000, dont ils ont fait remise. Voilà la vraie foi chrétienne, unie à la bienfaisance et à la gratitude ! Voyez la *Gazette d'État des Pays-Bas* publiée à la Haye, du 14 Juin 1825, n° 138.

la conséquence, qu'il faut condamner et poursuivre tous ceux qu'on appelle dissidens ou hérétiques (1)."

Voulez-vous un exemple plus récent encore d'une communion chrétienne, qui a maintenu cette liberté de conscience et cette doctrine comme un droit et un devoir positif, lisez l'*Histoire des Remontrans*, nommés à tort *Arminiens*, en Hollande, au 17ᵉ siècle. Expulsés de l'Église, au fort des troubles politiques, par leurs propres frères, qu'à cette époque on nommait *Contre-Remontrans* (2), partout persécutés, expulsés de leur patrie, contraints d'errer en tous lieux, ils préférèrent la prison et l'exil, plutôt que d'abjurer le principe qu'ils défendaient en dignes chrétiens, celui de ne reconnaître aucune autorité humaine en matière de religion. Ils ne s'en référaient à d'autre autorité qu'à celle de Jésus-Christ lui-même, comme envoyé et pasteur céleste, et à celle de l'Écriture Sainte, dont l'explication n'en demeurait pas moins réservée de droit à l'opinion de chacun. Se conformant aux circonstances des temps, ils publièrent, il est vrai, en 1619, pour maintenir, s'il était possible, la paix de l'Église, une espèce de confes-

(1) Voyez le morceau de poésie intitulé *la Noble Leiçon*, de l'an 1100; la *Confession de foi des Vaudois*, de l'an 1120; et le *Catéchisme* composé à la même époque par leurs pasteurs ou bardes, pièces insérées dans les ouvrages susmentionnés; spécialement dans l'*Histoire des Vaudois*, publiée à Utrecht, en 1796, tome II, pages 227, 231 et 253.

(2) Ils furent nommés ainsi, c'est-à-dire *Remontrans* et *Contre-Remontrans*, en style de chancellerie, par rapport aux remontrances relatives à leurs disputes, adressées aux États de Hollande. Les premiers suivaient le système de Zwingle et de Mélanchton; les derniers s'en tenaient à celui de Calvin.

sion de foi, servant à exprimer et à confirmer leurs opinions religieuses d'alors. Mais bientôt on eut la preuve qu'eux-mêmes ne voulaient point y demeurer irrévocablement attachés, ni y assujettir d'autres. Et quoique le nombre de ceux qui professent publiquement leur culte, soit considérablement diminué, ils n'en demeurent pas moins, depuis deux siècles, inviolablement attachés à ce même principe, que pasteurs et laïques défendent avec la même persévérance, ainsi que le comportent leurs droits et leurs devoirs. Cependant quoiqu'ils diffèrent même d'opinion entre eux et de méthode d'enseignement, relativement à divers points religieux et théologiques, il n'existe parmi eux ni division ni schismes (1). Ils manifestent ouvertement en toute occasion leurs opinions sur cette matière et spécialement lors de l'annonce de la célébration prochaine de la Sainte-Cène, de cette fête d'union chrétienne, célébrée par eux à des époques déterminées, en commémoration de l'acte charitable de la mort du Sauveur. C'est à cette occasion qu'ils invitent, sans aucune exception, tous ceux qui s'appellent chrétiens à célébrer avec eux ce repas sacré; témoignant ainsi par leur indulgence toute chrétienne, combien leur est sacré le devoir d'imiter en théorie et en pratique leur auguste maître (1).

C'est ainsi que s'explique tout naturellement la troisième question : « S'il existe ou peut exister des croyan-

---

(1) Voyez *l'Histoire de la réformation des Pays-Bas*, par G. Brandt, en hollandais; Amst. 1677. 4 vol. in-4°; ou *l'Histoire abrégée de la réformation*, du même auteur, en français; La Haye, 1726. 3 vol. in-12°; et *l'Histoire des Remontrans*, par J. Regenboog; Amst. 1774. 2 vol. in-8°, en hollandais.

ces religieuses qui, par leur nature même et indépendamment de toute passion ou prétention humaine, repoussent invinciblement la liberté de conscience ou des cultes, et ne puissent l'admettre sans déroger à leur principes fondamentaux ?"

L'expérience confirme pleinement le premier paragraphe de cette question. Et de fait, les Églises anglicanes, luthériennes, genevoises et synodales de la Hollande, qui toutes portent le nom de protestantes, prescrivent généralement certains articles de foi, auxquels elles lient et assujettissent leurs pasteurs et leurs laïques. Ce sont ces articles mêmes qui établissent la différence d'où résulte la dénomination distinctive de ces diverses communions. La civilisation progressive du siècle a apporté, il est vrai, quelque modification à leur contenu ; mais les livres symboliques, les catéchismes, les dogmes religieux publiés par ces Églises et appuyés par l'autorité civile, forment le *Schibboleth* qui sert de mot d'ordre pour parvenir aux emplois et aux dignités. L'Église anglicane surtout maintient dans toute sa vigueur ses 39 articles. Elle continue d'exclure des droits susmentionnés tous dissidens, protestans comme eux, tels que presbytériens, moraves, anabaptistes, trembleurs et méthodistes, quoiqu'elle permette et tolère même avec beaucoup d'indulgence, la prédication de leurs dogmes. Elle continue d'exercer à outrance la plus terrible contrainte envers les catholiques, comme s'ils ne pouvaient participer au bonheur éternel, reconnu pour base et condition de la foi religieuse, et qu'ils fussent par cela même inadmissibles aux dignités que l'on confère aux autres citoyens de l'État.

L'histoire politique de l'Angleterre n'est également point exempte, à diverses époques, des plus pitoyables déclarations d'hérésie. Qui ne connaît les cruautés exercées sous le règne de la reine Elisabeth sur quelques anabaptistes, spécialement John Peeters et Henri Turwert, en 1575 ? Accusés d'hérésie et persistant opiniâtrément dans leurs opinions, ces malheureux furent condamnés au supplice du feu, par cette princesse, comme *partisans de l'impie secte des anabaptistes*. Qui ne connaît la tyrannie exercée par Henri VIII envers le chancelier Thomas Morus, homme rempli de savoir et de piété, de même qu'envers l'évêque octogénaire de Rochester, Jean Fisher ; ces deux infortunés furent décapités par son ordre pour avoir l'un et l'autre écrit en faveur du luthéranisme ? Qui ne versera, même encore aujourd'hui, une larme d'attendrissement à la mémoire du vertueux évêque de Cantorbéry, Thomas Cranmer, condamné par la reine Marie au supplice du feu, pour cause de sa constance dans ses opinions religieuses (1)? Enfin, ne vit-on pas, au commencement du dix-huitième siècle, un déplorable exemple de persécution, dirigée contre deux hommes généralement estimés par leur érudition et leur génie, Guillaume Whiston et Samuel Clarke? Le premier, docteur à l'université de Cambridge, fut destitué comme tel; le second, vicaire de l'évêque de Norwich, put à peine éviter l'excommunication : tous deux encoururent cette disgrâce, parce que leurs opi-

---

(1) *Histoire de la réformation de l'Église d'Angleterre, de Burnet, traduite par de Rosemond.* Amst. 1687. 4 vol. in-8°, tome I, pages 821 à 827, 357 à 365 et 661; et tome II, pag. 708, 712 et 249 à 259.

nions s'écartaient de celle généralement admise au sujet du dogme de la Trinité. Et quoiqu'une politique éclairée ait introduit plus tard en Angleterre la tolérance religieuse, comme indispensable aux intérêts de son commerce, il n'en est pourtant pas moins vrai, qu'il n'existe presque pas d'autre nation civilisée sur la terre, où la politique ait condamné à périr sur l'échafaud tant d'hommes illustres dans l'État et dans l'Église, la plupart à cause de leurs opinions religieuses (1).

L'Église luthérienne elle-même, surtout en Allemagne, fut dans les premiers temps de la réforme très-portée à prescrire des articles de foi, et à publier des livres symboliques. Luther, ce premier apôtre de la réformation, écrivit ce qui suit dans sa lettre au curé Jacob Probst, à Brême : « Bienheureux est l'homme « qui ne marche point suivant le conseil des sacre-« mentaires, qui ne s'arrête point dans la voie des « Zwingliens, et qui ne s'assied point au banc des mo-« queurs de Zurich (2)." Les partisans de Zwingle oublièrent cependant bientôt leur patron, et s'emportèrent avec une animosité non moins mordante contre ceux dont les opinions différaient des leurs. Ils avaient pour Calvin et Bèze les mêmes égards que les Luthériens témoignaient à leur maître (3). La ville de Wittemberg vit bientôt éclore le système de théologie, adopté depuis comme foi luthérienne. Ce n'est point ici le lieu de signaler les diverses conférences

---

(1) *Regum pariumque magnae Britanniae historia genealogica*, auct. WILH. IMHOFF. Noremb. 1690 pag. 458.

(2) G. J. VOSSII *et clarorum virorum ad eum epistolae*. Lond. 1690. Let. 23 à Grotius, pag. 123.

(3) *Ibid.* p. 140.

qui se tinrent entre les théologiens luthériens et réformés. Il suffit de dire que l'on conçut l'idée d'un *Formulaire d'union*, qui devait servir de base à une conciliation (1); mais les Luthériens nommèrent ce désir de pacification une *hypocrisie méritant, suivant eux, les flammes de l'enfer, et les auteurs devaient être exclus du royaume des cieux* (2). Beaucoup d'Églises luthériennes n'ont cependant point adopté ce formulaire, et les disputes se sont perpétuées jusqu'à nos jours, sauf quelques exemples du contraire en Prusse, dont nous parlerons plus tard.

Il en fut de même de l'Église de Genève. Tandis que Zwingle flattait François I, roi de France, de l'espoir de rencontrer un jour Socrate et Caton dans les demeures célestes (3), Calvin soutenait que la sentence à prononcer appartenait à Dieu seul, comme à un autocrate arbitraire, qui n'appelait au salut que ceux qu'il voulait en faire jouir, et qui avait même créé des hommes pour l'éternelle damnation (4). Des réactions politiques furent cause que la réforme ne s'établit que lentement. La dispute élevée sur l'autorité et la discipline de l'Église, occasionna le bannissement du dernier, prononcé par le conseil de Genève. Rappelé plus tard, il souffla le feu de la discorde contre Castalio, B. Ochin et M. Servet. Plusieurs néanmoins révoquent en doute qu'il ait con-

(1) Mosh. *Hist. Eccl.* p. 643.

(2) J. A. Quenstedt, *Theol. Didactico-Polemica.* Vit. 1685. th. VIII. pag. 244.

(3) Christianae fidei brevis et clara expositio. Opp. tom. II, pag. 541.

(4) Institt. rel. Christ. lib. III, c. 21.

couru à faire condamner Servet, homme très-pieux, au supplice du feu. Cependant, les théologiens suisses passèrent bientôt un concordat avec ceux de Genève, et l'on convint unanimement, que tous ceux que l'on admettrait dorénavant à prêcher dans l'Église chrétienne, seraient tenus de signer le *Formulaire (formula consensûs)*, avec addition des mots: *sic sentio* (*telle est mon opinion*), et que le modérateur et l'actuaire du clergé signeraient le formulaire au nom de tous (1).

Il n'est pas nécessaire que nous nous étendions ici sur les disputes religieuses que la politique fit naître au dix-septième siècle dans les Pays-Bas; disputes concernant les cinq points généralement connus de la prédestination, de la grâce, du libre arbitre, etc.; en même temps, le Synode de Dordrecht, s'emportant contre les Remontrans et s'arrogeant l'autorité judiciaire en matière de religion, prononçait contre eux une sentence, dont la démission de leurs emplois, l'exil, la prison et l'excommunication furent le résultat (2). La religion servait en ceci de prétexte, et les dogmes auxquels, grâces à Dieu, on ne songe plus guère, devinrent le foyer brûlant, où les passions humaines venaient concentrer l'activité de leurs flammes.

C'est ainsi que l'histoire de l'Église chrétienne a offert, dans tous les siècles, un côté désavantageux, qui démontre qu'elle rejette le principe fondamental de son institution, la liberté de conscience, pour y sub-

---

(1) Burnet's *Lettres to M. B.* Rotterdam, 1687. Lettre I, page 56. *Ejusdem Hist. Reform. Anglicanæ*. Genev. 1689. p. 206.

(2) *Histoire des cinq articles*, par *P. Heylin*, en hollandais, Rotterdam, 1687, page 95.

stituer l'autorité de ses chefs, d'ordinaire combinée avec l'autorité civile. Une autre question, c'est de savoir si pareille déviation ou partialité est dégagée de toute passion humaine? s'il est permis de s'y livrer? Qu'ici l'expérience de tous les siècles prononce! D'où, en effet, l'Église emprunte-t-elle le droit de commander? A peine si elle indique le fondement du pouvoir qu'elle s'arroge; à peine si ce pouvoir repose sur un arrangement mutuel, qui tende en apparence à la conservation de la paix sociale, mais dont les suites fatales d'animosité et de persécution prouvent évidemment le contraire.

Qu'on se rappelle seulement les violentes disputes qui s'élevèrent en France sur la nature et l'autorité des conciles, auxquels tel voulait que le pape lui fût subordonné, tandis que tel autre lui attribuait l'autorité suprême en matière de religion. Qu'on réfléchisse avec quelle persévérance l'Église anglicane maintient ses prétendus droits, tandis que quelquefois, comme à l'égard de Jansénius, elle se relâche pour les revendiquer plus tard avec d'autant plus d'énergie (1). On prend ici pour base une convention inadmissible dans l'Église chrétienne; isolée au milieu du régime d'un contrat social d'application générale; susceptible de diverses interprétations; entièrement dépendante des temps et des circonstances; reposant sur une autorité chancelante, qui tantôt règne sur les consciences, tantôt plie sous une autorité supérieure; convention, enfin, qui détruit de fond en comble le droit primitif,

---

(1) L. E. DU PIN, *de antiqua ecclesiæ disciplina dissertationes historicae.* Paris, 1686. pag. 138. sqq.

immuable et imprescriptible de chaque individu. Et comment, en effet, pareille autorité intermédiaire pourrait-elle s'accorder avec la volonté expresse de Dieu, qui n'a pas voulu qu'une autorité étrangère décidât ce que c'est que la vérité, mais qui nous a doué de jugement, pour que nous arrivions à sa découverte par nos propres recherches?

Admettons pour un moment que, pour conserver l'unité, l'Église ait rédigé quelques articles de foi et livres symboliques, au moyen desquels tout chrétien puisse et doive, par voie de comparaison, juger de l'orthodoxie de sa foi. Que prouveront cependant ces écrits, si ce n'est que telles étaient les opinions régnantes à cette époque, et qu'il ne peut en résulter aucun droit permanent, soit pour leur adoption, soit pour leur rejet? Et comment pourrait-il en être différemment, puisque le prétendu droit de domination sur les opinions et les consciences de la postérité, serait beaucoup plus inconséquent et absurde encore, que celui de pareille domination à l'époque même où l'on désirerait par amour pour la paix, en venir à la conclusion de semblables conventions? C'est en se fondant sur les variations qu'éprouvaient leurs dogmes, que le savant évêque de Meaux prétendit démontrer le peu de solidité de l'Église protestante (1), alléguant, *comme une preuve de perfection, l'unité de l'Église catholique.* Les Protestants combattirent ce système basé sur un pareil fondement, en citant les disputes qu'avaient vu naître tous les siècles. Les uns et les autres furent con-

(1) *Histoire des variations des Églises protestantes* par *Bossuet*, page 67.

tredits par le *Formulaire d'union* déjà cité, où la Confession d'Augsbourg est expressément appelée une *confession temporaire (symbolum sui temporis)* (1); tandis que Luther et Mélanchton, de concert avec les princes et pasteurs composant la diète réunie à Smalcalde en 1530, prescrivaient la révision de cette même confession, d'où s'ensuit la supposition qu'on la jugeait susceptible d'amélioration (2). Pourquoi donc ces mêmes réformateurs n'ont-ils point accompli leur tâche? pourquoi n'ont-ils point reconnu à chaque Église, à chaque chrétien, la même liberté qu'ils s'arrogeaient eux-mêmes? C'est parce qu'ils se flattaient encore de la possibilité d'une réunion avec les catholiques, ce que l'on n'envisageait d'un autre côté que comme un pieux rêve fanatique, parfaitement inexécutable, même peu désirable pour l'ensemble du système économique du christianisme.

Et quant au moyen en lui-même auquel on avait eu recours, pour conserver prétendûment dans toute son intégrité la pureté de la doctrine, savoir la signature des livres canoniques ou symboliques, soit avec le *sic sentio* ou *quod vel quæ credo (je le crois)*; soit, ainsi que l'Église anglicane l'exigea plus tard par connivence, relativement à ses 39 articles, avec la simple addition des lettres *q. q.* (*quantum credo* ou *pour autant que je crois*); comment s'imaginer qu'un homme de bon sens puisse s'engager à conserver sa vie entière la même croyance religieuse? L'expérience

---

(1) *Formul. concord.* p. 571 et 631.

(2) Luther's *Altenb. werke*, VI th. p. 1226; et Melancht. *Epistolæ selectiores*, Vitemb. 1687. *Ep.* 2 *ad Luth.* p. 3 et 4.

journalière ne nous enseigne-t-elle pas que plus l'homme recherche ardemment la vérité, plus il acquiert en même temps la conviction qu'il ne sait rien, et change par cela même d'autant plus promptement de système? Et de fait, d'où tirez-vous la certitude que vous et vos co-religionnaires serez frappés en tout temps des mêmes sensations, du même esprit de clarté, de la même conviction qu'à l'instant où vous apposâtes votre signature? Faire pareille supposition pour l'avenir serait donc la plus grande absurdité, la plus forte contradiction. Et le serment lui-même, qu'est-il autre chose, si ce n'est un vain son, qui perd sa force dès le moment qu'il est prêté, prononcé ou écrit, et cela parce qu'il porte évidemment atteinte à la pureté de conscience? Il faut donc en croire l'homme sur parole, ou bien on l'offense, parce que la parole du chrétien doit être sacrée. Or, d'où vous vient le droit d'exiger de lui pareil serment? Celui-ci offre-t-il la moindre utilité à l'État ou à l'Église? peut-il contribuer d'une manière ou d'autre aux progrès de la vertu et de la piété, à l'épurement de l'âme? Bien au contraire: vous portez atteinte aux droits qui dérivent de sa nature même; vous troublez la conscience par des craintes ou par des espérances; vous lui inculquez un principe de faux honneur et d'égoïsme, en opposition formelle avec la moralité; vous le portez à l'irréligion, à l'hypocrisie, à l'incrédulité ou à la supersition; vous pervertissez ainsi les mœurs publiques, dont vous devriez faire respecter l'incorruptibilité tant dans l'État que dans l'Église; vous violez, vous détruisez même le fondement sacré sur lequel reposent le contrat social, la foi publique. Ce n'est que chez l'homme faible ou indécis, chez l'homme sans principes, que le serment peut avoir quelque force; mais pour combien de temps? Sans doute pour peu de durée, c'est-à-dire pour autant que son intérêt et son ambition le porteront à le tenir; tandis qu'il changera de système dès qu'il trouvera à le faire, sans qu'il soit atteint d'une crainte quelconque, et qu'il désavouera même ouvertement sa propre signature.

Quelque redoutables d'ailleurs que pussent être les suites que l'on croirait pouvoir résulter dans l'état actuel des sociétés politiques et religieuses, de l'adoption universelle du principe sacré de la liberté de conscience, comment faire entrer ces résultats en ligne de compte, lorsque les mesures employées pour maintenir le système opposé, sont elles-mêmes nulles, absurdes, mensongères et profanes, attendu qu'elles attaquent de front et détruisent de fond en comble le principe fondamental établi ci-dessus? Comment donc, vous qui aimez sincèrement la vérité, n'importe de quelle manière on la recherche ou qu'on prétende l'avoir trouvée, comment pourriez-vous vous inquiéter de l'abandon d'un principe que vous-même jugeriez en conscience devoir approuver? Ou bien, voudriez-vous vous rendre coupable de cette espèce d'erreur appelée en matière de logique *petitio principii* (1)? Comment en effet pourriez-vous, lorsqu'une fois le principe serait admis et celui opposé reconnu faux, en revenir à des conséquences qui s'y trouveraient diamétralement opposées?

---

(1) **Preuve déduite d'une proposition qu'il s'agit de prouver encore.**

Je vous renvoie donc aux exemples déjà cités des Vaudois et des Remontrans, qui prouvent non-seulement la possibilité d'introduire un pareil système, mais encore son exécution, sans qu'il soit besoin de s'alarmer de dangers imaginaires. Je vous renvoie, enfin, aux exemples de nos jours, aux Américains, dont la politique a consacré en 1781, le principe de liberté de conscience en matière de religion, principe qui s'est soutenu presque un demi-siècle, ainsi qu'à l'union actuellement existante entre les Églises protestantes et catholiques des États prussiens. C'est là qu'on se rassemble en commun pour l'exercice du culte public. L'on n'y demande point: « Qu'avez-vous cru auparavant; mais que croyez-vous actuellement? ni, en quoi diffère votre croyance de la mienne?" On s'y réunit pour adorer en commun, dans l'esprit qui animait le Sauveur du monde, lequel tendait à procurer le bonheur de tous : or, c'est cette union même de sentiment qui constitue la partie pratique de la foi chrétienne. L'on ne s'y repaît point de la chimère d'une unité entière de croyance excluant toute différence d'opinion : non, tout ce qu'on exige c'est de ne point se maîtriser l'un l'autre; on désire fonder une paix universelle, sans qu'il existe le moindre arbitraire; on veut que chacun s'évertue à faire le bien, que chacun contribue au bonheur de son semblable; on rapproche les esprits à l'aide des principes évangéliques; on respecte le droit de chacun; on laisse une entière liberté de s'occuper de la recherche des vérités religieuses, sans que l'on puisse sous ce rapport se gêner l'un l'autre en aucune manière. Un seul et même intérêt moral lie tous les individus; tous s'en tiennent au précepte formel du Sauveur, lorsqu'il dit à ses disciples : *Je vous donne un nouveau commandement, c'est que vous vous aimiez l'un l'autre, et que vous vous aimiez comme je vous ai aimés. En ceci tous connaîtront que vous êtes mes disciples, si vous avez de l'amour l'un pour l'autre* (1). Voilà le grand précepte général : il est originel et unique; il n'y a nulle communion ou croyance qui ne puisse l'adopter. Par lui ne sont lésés les droits de personne.

Ce précepte répond aussi précisément à ce que demande la société dans sa quatrième question : « Quels sont entre autres, à cet égard, les principes et les préceptes de l'Évangile?" Nous pourrons toutefois nous abstenir de nous étendre sur ce sujet, vu que déjà nous sommes entrés dans d'assez amples détails sur cette matière.

Le règne fondé par le Sauveur est celui de la vérité et de la vertu. Tous ceux qui confessent son nom doivent contribuer à l'établissement de ce règne. Sa doctrine même avoue et prête appui à toutes communions qui agissent conformément à ce principe. Le Sauveur n'exclut aucun de ceux qui veulent et pratiquent le bien. Il ne prescrit que des dogmes fondés sur la nature même de l'homme, qu'il faut admettre, quoique ne pouvant être pleinement démontrés, parce qu'ils sont les organes d'un cœur sincère et non dégénéré. L'existence d'un Être-Suprême qu'il faut adorer en pureté de cœur; celle d'une Providence toujours prévoyante, qui n'agit jamais d'une manière

---

(1) Confrontez *St. Jean*, chap. XIII, vs. 34 et 35, avec la 1re. *Ep. de St. Jean*, ch. IV, vs. 7 à 21.

arbitraire, mais constamment d'après des lois pleines de sagesse et de bonté par lui-même établies; celle d'une économie future et éternelle, intimement liée à l'économie présente et terrestre, et où chacun recueillera selon ce qu'il aura semé ici-bas : tels sont les dogmes si simples qu'il enseigne et recommande à notre foi. Il a ordonné à ses Apôtres de les publier après lui, et ceux-ci, en lui obéissant, sont devenus ses fidèles imitateurs. Tout comme lui-même a confirmé sa doctrine par sa vie et par sa mort, eux aussi l'ont fait pareillement. L'économie fondée par eux est une économie de pure bienveillance, où ne règne d'autre autorité que celle qui réside dans l'essence de l'éternelle vérité, et qui par cela même porte l'empreinte de sa divine origine. C'est ici la volonté de Dieu lui-même, que chacun est tenu de suivre comme seule bonne et juste, et par l'observation de laquelle on acquiert véritablement le titre de fidèle. Et c'est à ce précepte de suivre la loi morale que se borne toute l'autorité sur la conscience; car chacun connaît et sait qu'il doit observer cette loi, dont son propre cœur lui atteste la sainteté. Au surplus, tout ce qui date d'une époque postérieure, tout ce qui est le résultat de doctrines purement humaines, mêlé aux vérités les plus simples, demeure abandonné à l'acceptation ou au rejet volontaire de tout fidèle, selon qu'il le juge ou non utile aux besoins de l'âme. Il n'y a donc qu'une conduite irréprochable, comme dérivant de la loi morale, qui soit péremptoirement imposée à tout chrétien. Nul pasteur n'a, pour coopérer à ce but salutaire, de plus hautes attributions. Quiconque enseigne au-delà de cette doctrine si simple, altère la vérité, est enflé d'orgueil, tient une conduite entièrement indigne de sa noble destination, et cesse par cela même d'être docteur chrétien. Tout laïque est subordonné aux mêmes obligations, sans avoir droit de prétendre à la moindre autorité ou suprématie. C'est par de pareils principes, que la société humaine toute entière est épurée et sanctifiée : quiconque y contrevient, transgresse ses propres droits, avilit son caractère de chrétien; il s'exclut lui-même de la communauté; il devient un sujet rebelle du royaume des cieux; il se livre à ses convoitises et passions désordonnées (1).

C'est par ces observations que nous arrivons à la cinquième question proposée : « Si la séparation légale et absolue de l'état civil et de l'état religieux des citoyens est indispensable à la liberté des cultes; et, dans le cas où l'état civil et l'état religieux des citoyens seraient confondus, absolument ou en partie, par quels moyens la liberté des cultes pourrait être garantie?"

Serait-il bien nécessaire encore que nous eussions besoin ici de nouveaux éclaircissemens sur le premier point de cette question? Ainsi que nous l'avons déjà fait observer, tous les chrétiens réunis forment une seule et même communion religieuse, qui n'a rien de commun avec la politique éphémère du jour; qui a pour unique fondement l'adoration sociale du seul et vrai Dieu, lequel s'est clairement manifesté par son

---

(1) Confrontez *St. Matthieu*, chap. VII, v. 21, 1ᵉ *aux Corinthiens*, ch. IX, v. 12, et 2ᵉ *aux Corinth.* ch. XI, v. 19, avec 2ᵉ *aux Corinth.* ch. I, v. 24, et 1ᵉ *à Timothée*, ch. VI, vs. 3 et 4.

envoyé Jésus-Christ. Dieu n'a d'autre objet en vue que d'éclairer tous les humains et de leur procurer le vrai bonheur. Jésus a confirmé cette doctrine par son autorité divine. Il appelle tous les fidèles indistinctement, et chacun d'eux en particulier, à la connaissance de la vérité. *Quiconque aime la vérité*, et agit en conséquence de ce sentiment, *parvient à la connaissance de la vraie lumière;* il démontre par ses œuvres, qu'il pense et agit selon la volonté divine et dans l'esprit du Sauveur (1). Jésus, en s'adonnant à cette prédication, *s'est livré lui-même à la mort de la croix, non pour condamner le monde, mais afin qu'il fût sauvé.* Il voulut même pacifier des nations divisées par de violentes haines, les réunir en un seul peuple et tous les hommes en une seule et même famille (2). Lui-même demeura constamment *le chef du corps de l'Église*, appelée à adopter sa doctrine, à suivre son exemple. *Devant son nom durent fléchir les genoux de toutes puissances supérieures et inférieures, à l'effet de glorifier Dieu*, le père de tous les humains, qui n'exclut personne, mais agrée avec bon plaisir ceux de toute nation qui l'honorent et vivent saintement (3). C'est sur ces principes que se forma une seule et même communion chrétienne, unique dans son but, unique dans son

---

(1) Que l'on examine ici le sublime passage de *St. Jean*, chap. III, vs. 16 à 21.

(2) Confrontez *Romains*, ch. V, v. 10, et 2ᵉ *aux Corinthiens*, ch. V, vs. 18 à 20, avec *Éphésiens*, ch. II, vs. 10 à 22.

(3) Confrontez *Colossiens*, chap. I, vs. 18 à 23, avec *Romains*, ch. III, v. 11, *Éphésiens*, ch. III, vs. 14 à 21, et *Actes des Apôtres*, ch. X, vs. 34 à 43, et ch. XV, vs. 7 à 11.

opération et dans ses résultats, où les droits, le rang et l'autorité individuelle et civile de chacun devaient se confondre en un seul et même esprit de tolérance. Si ce règne moral et vraiment céleste venait à s'établir sur terre, il y aurait une paix universelle, qui amènerait tous les humains, n'importe la diversité de leurs opinions, à la connaissance d'une seule et même vérité, à la jouissance d'un seul et même bonheur. Pareille institution serait égale pour tous : on ne pourrait renoncer ni à l'obligation ni au droit d'y prendre part; il n'y aurait plus de séparation entre l'État et l'Église.

Et en effet, partout où l'on désirerait, soit par habitude, par défaut de conception, par intérêt personnel, par ambition ou par abus d'autorité, introduire de force une pareille séparation, en contradiction manifeste avec le but que se sont proposé Jésus-Christ et ses Apôtres, ce ne seraient, comme l'expérience de tous les siècles ne l'a que trop démontré, qu'autant d'institutions humaines, inventées par des êtres sujets à l'erreur.

Tout ce qui devait avoir force de loi sous un rapport civil, a été soumis à la doctrine chrétienne comme législatrice. L'autorité ecclésiastique n'a d'autre source que l'autorité humaine, qui varie journellement. Le droit social dégénère en droit de contrainte, et se fonde, si non sur des arrangemens mutuels, du moins sur des prétentions arbitraires, et ne peut de fait imposer la moindre obligation, dès qu'il est en opposition avec la nature et la vérité. En un mot, tout ce qui ne renferme aucune obligation morale, est par cela même illicite et nul. Il n'y a que ce qui porte l'empreinte de la vérité et de la vertu, qui puisse emporter avec soi l'idée de droit et de devoir. Tout ce qui s'en écarte n'a aucun droit. Toute institution civile est, quant à sa nature et à son but, soumise à la loi de l'esprit et à celle de l'Évangile. Toutes institutions de bien public que l'on voudrait plus tard fonder, doivent uniquement dépendre de leur conformité avec la doctrine prêchée par Jésus et par lui confirmée. Pour pouvoir être efficaces, il faut qu'elles y soient analogues, et adaptées à la loi morale qu'établit cette doctrine.

Au moyen d'une pareille séparation, qui peut fort bien se présenter à l'esprit, ce qu'atteste, par un fatal bouleversement d'idées, l'expérience même, il se manifeste, il est vrai, quelque esprit de secte : cependant celui-ci est de lui-même illicite, vu qu'il n'est fondé ni sur la vérité, ni sur la nature de l'association chrétienne. Il y a plus : toute église se disant chrétienne, qui professe ou recommande une doctrine quelconque, au moyen de laquelle elle se distingue en tant que secte, perd par cela même tous ses droits au titre d'église évangélique ; elle s'arroge un droit qu'elle ne possède point ; elle est en opposition formelle avec l'économie établie par notre Seigneur Jésus-Christ, qui appelle tous les hommes à se réunir. Dans cette même économie une seule vérité est admise, fondée sur la volonté divine et organisée d'après la nature humaine. Tous les hommes sont tenus d'y croire. S'en écarter, c'est admettre l'autorité, les préjugés, les passions et la suprématie de l'homme, qui ne peut alléguer une seule raison valable en faveur de leur légitimité. Ce serait en contradiction formelle avec les préceptes de la primitive Église chrétienne, qui ne toléra jamais une semblable distinction. Ce serait en un mot incompatible avec une religion quelconque, et surtout nuisible à celle que le Sauveur du monde a annoncée comme réunissant à la fois le but et la volonté divine.

Si chacun des pères de l'Église, des évêques, des pasteurs et des laïques prétendant au titre de chrétien, s'était borné à conserver pour lui-même les écarts d'un esprit trop présomptueux, sans commander impérativement, tout en confondant la religion et la théologie, l'Église chrétienne et l'État civil, ainsi que l'adoption d'un soi-disant système de foi, l'erreur se serait graduellement dissipée; la doctrine d'Origène qui recommandait comme premier article d'examen à la foi chrétienne, la distinction de *Dieu le Père* d'avec *Dieu le Fils* (1), serait bientôt entièrement disparue, au moyen d'une explication plus saine des Saintes Écritures; le système du célèbre Lactance, soutenant que, lors de la création du monde, Dieu avait d'abord formé deux essences spirituelles, le feu et l'eau; ensuite deux sortes de démons, les uns célestes, les autres terrestres, les uns bons, les autres méchans (2); ce système, dis-je, aurait dû faire place au sentiment plus unanime sur la Divinité, comme réunissant l'idée de la perfection la plus absolue; les opinions de St. Grégoire et de St. Augustin, qui s'imaginaient que la conception de la Ste. Vierge s'était faite par l'oreille (3);

(1) *In Philocal.* cap. I, pag. 11.
(2) *Div. Instit.* lib. 11, cap 9 et 14.
(3) *August. Sermo de Temp.* XXII. *Assemanni, Bibliothèque Orientale*, tome I, pag. 91.

ce cantique sacré de Synesius, évêque de Ptolémaïde:
« O Dieu! tu es à la fois père et mère, homme et
« femme (1)!" la confession de foi de la Trinité,
que Grégoire le Thaumaturge supposait être descendue du ciel, sur l'intercession de la Vierge Marie et
de l'Apôtre St. Jean (2), eussent été considérés comme
autant d'écarts de l'imagination, sans que jamais il
eût pu prendre fantaisie au roi arien et vandale, Hunneric, de faire arracher la langue aux orthodoxes Africains (3).

Mais à quoi bon multiplier ici pareilles niaiseries? Il est évident que l'anathème lancé par un concile ou synode contre tel autre, ou bien contre des
hérétiques, provenait de la supposition que la foi chrétienne exige une uniformité absolue d'exposition, d'expression et d'opinion, et que la politique du siècle
admettait pour base cette même unanimité; tandis que

(1) *Hymn.* 11 et 90.

(2) *Greg. Nyssenus in vita S. Gregorii Thaumat.* Opp. tom. II, pag. 978.

(3) *Schmidt Acta erud. Lips* 1714 *mense Julii.* Cette admirable légende mentionne encore, ô prodige inouï! que ces individus privés de leur langue n'en ont pas moins confessé publiquement, et d'une manière très-intelligible, leur orthodoxie, au concile de Nicée. Veut-on encore l'exemple d'un zèle outré? je renvoie mes lecteurs à la conduite tenue en 1634 par le père Dicas, à Loudun, à l'occasion du supplice de l'infortuné Urbain Grandier, condamné à être brûlé vif comme accusé de magie. Non content d'avoir suscité cette persécution et d'avoir accompagné le martyr au bûcher, Dicas frappa l'infortuné agonisant de sa croix de fer au visage, sous le prétexte spécieux qu'il pût y appliquer encore ses lèvres dans ce moment suprême, afin d'obtenir ainsi la paix de l'âme. Quelle insigne cruauté(*)!

(*) *Histoire des Diables de Loudun.* Paris. (Amst.) 1636.

pareil amalgame d'institutions divines et humaines, d'opinions et de pratiques, a confondu les objets les plus incohérens, et qu'ainsi il est incompatible de sa nature même. Heureusement que de nos jours on blâme non-seulement ouvertement une pareille confusion, mais que l'on possède même suffisamment d'instruction et de moyens pour garantir, au milieu de la plus grande diversité d'opinions, la liberté des cultes. Se pourrait-il d'ailleurs qu'il en fût autrement, vu l'intime conviction que l'on a de l'obligation mille fois prescrite dans l'Évangile, de ne jamais juger témérairement des opinions ou de la conscience d'autrui, mais de se supporter mutuellement par la charité ?

Ceci nous conduit tout naturellement à répondre à la sixième et dernière question : « Quel sens doit être attaché au mot tolérance, fréquemment employé par les défenseurs de la liberté des cultes, et si ce mot est l'expression exacte et fidèle du principe, sur lequel se fonde le droit de cette liberté ?"

S'il nous faut parler ici avec franchise et comme il convient à un chrétien, d'après ses lumières intellectuelles plus épurées et la conviction intime de son cœur, nous ne pouvons dissimuler que le mot *tolérance* exprimait, dans les premiers temps du christianisme, un sens parfaitement analogue aux préjugés et à la politique oppressive des Juifs et des Romains. Ce fut déjà un premier pas d'acheminement vers le temple de la fraternité, lorsqu'on cessa de s'entre-persécuter pour différence d'opinions politiques ou religieuses. Cependant, pour que cette fraternité régnât dans toute sa plénitude, il fallait qu'elle bannît toute différence entre croyance orthodoxe et croyance hétérodoxe. Il s'agissait plus de morale que de profession de foi. Celle-ci d'ailleurs était revêtue de tant de simplicité, que tout vrai chrétien ne pouvait se dispenser d'y donner son assentiment (1).

Considéré sous un point de vue philosophique, ce mot en lui-même semblerait déjà dénoter certaine primauté, dont nous niâmes positivement, dans notre précédente démonstration, l'existence ou la validité. Nous défendîmes ouvertement la liberté de conscience et des cultes, sans admettre sous ce rapport la moindre autorité, soit d'un côté, soit de l'autre.

Or, tout comme le sens d'un mot acquiert en certaines langues, surtout les vivantes, une acception ou modification entièrement différente, de même en est-il de la tolérance. Plus tard, ce mot a été pris dans un sens plus libéral et mieux compris. Très-souvent même, principalement chez les Vaudois et les Remontrans déjà cités (2), il exprimait une disposition mutuelle des chrétiens en général, et de tout citoyen de l'état en particulier, à se respecter l'un l'autre et à main-

(1) *Actes des Apôtres*, chap. VIII, v. 37, et ch. X, v. 41. Ce n'est qu'à l'aide de ces passages que l'on peut expliquer celui de *St. Matthieu*, ch. XXVIII, v. 19, l'unique de cette espèce qui se trouve dans l'Évangile. En effet, l'injonction additionnelle faite aux Apôtres, d'exhorter les néophytes *à garder* tout ce que Jésus, en sa qualité d'envoyé du Très-Haut, avait ordonné pour le maintien des mœurs, ne pouvait jamais s'appliquer à des opinions religieuses, mais uniquement à des actions morales, c'est-à-dire, à ce que Jésus lui-même avait exclusivement enseigné comme pratique des bonnes mœurs. Cette pratique même était *l'esprit* ou le *sentiment divin* de l'Évangile.

(2) *Histoire des Vaudois*, Utrecht, 1796. tome II, pages 234 et 258. *Confession de foi des Remontrans*. Amsterdam, 1619. Préface.

tenir, selon l'esprit du christianisme, cette liberté de conscience et des cultes que prescrit et exige, comme lien universel d'union, le sens clair et formel de la doctrine de Jésus. Que si des préjugés, un intérêt temporaire et la politique, étayés du bras séculier, ont comprimé de telle manière ce sens plus libéral, qu'on n'a pu parvenir encore, si l'on en excepte quelque pays, à la vraie union de l'Église universelle chrétienne, il n'en est pas moins de fait que l'Angleterre, l'Allemagne et les Pays-Bas ont manifesté depuis près d'un demi-siècle, des désirs de rapprochement tels, qu'on peut raisonnablement en attendre les plus heureux résultats.

Un esprit plus libéral d'examen, qui s'unit à la pratique des bonnes mœurs, s'est répandu parmi les théologiens qui ont de la probité et du renom. Chez eux la théologie n'est plus une étude isolée, hors de tout rapport avec les sciences. Elle est devenue elle-même une science susceptible d'interprétations diverses et mieux raisonnées. Ils sont parfaitement d'accord sur ce point, que tout culte, toute communion, qui anathématise, est un écart du christianisme. Ils sont intimement convaincus, et reconnaissent qu'il n'y a qu'une seule vérité, clairement manifestée dans l'Évangile de Jésus-Christ. Cet Évangile de notre salut est inscrit sur chacune des pages du livre de la Nouvelle-Alliance. C'est là que se trouve l'unique source de la connaissance et de la foi chrétienne. L'explication en est confiée à l'intelligence et aux lumières plus ou moins développées de chacun en particulier. *Éprouvez toutes choses, retenez ce qui est bon* (1). C'est de cet examen seul,

---

(1) Voyez *la 1ᵉ aux Thessaloniciens*, ch. V. v. 21.

et non de telle ou telle autre opinion ou système, que dépend le bonheur destiné à tous les mortels. Lettrés ou illétrés ont un égal droit à la recherche de la vérité. Qu'en s'abstienne donc seulement de proscrire et de persécuter, et un jour la vérité de la révélation chrétienne se manifestera dans toute la plénitude de sa gloire et de sa céleste magnificence. Elle posera les bases de cette unité de sentiment qui, malgré la différence d'opinion des chrétiens entre eux, ne les unira pas moins d'esprit et de cœur, par un seul et même lien de charité et de paix.

A cette explication du mot *tolérance* nous pouvons rattacher l'idée de la liberté de conscience et des cultes, qu'à notre avis tout chrétien possède de droit. Il s'agit spécialement ici de l'influence raisonnable que doit avoir tout culte, tout système religieux, sur l'État et sur l'Église, malheureusement toujours séparés! quoique de même nature, et par conséquent destinés à reconnaître et à faire valoir en tout temps le prix inestimable de la nature humaine.

C'est donc à juste titre que le cardinal de Cusa, déjà cité, fit observer : « que la vraie intelligence des « Écrits sacrés se règle uniquement sur les actes de « l'Église, et qu'ainsi il n'est nullement surprenant que « par suite d'une pratique aussi variée, l'Écriture Sainte « soit expliquée tantôt d'une manière, tantôt de l'au- « tre (1). " Et quelle est digne d'éloges la conduite sage que montrèrent les anciens États-Généraux des Provinces-Unies des Pays-Bas, lorsque, par leur lettre du 15 Mars 1710, adressée aux membres du Sérénissime

---

(1) Nicol. Cusanus, *Epist. VII ad Cler Bohem.*

Sénat du canton de Berne en Suisse, ils recommandèrent à leur protection immédiate la cause des Mennonites hollandais, qui s'y voyaient persécutés? « Nous
« désirerions sincèrement, disaient-ils, que les Menno-
« nites pussent être réunis au culte chrétien réformé
« que nous professons; mais nous estimons qu'il n'est
« permis de se servir, pour les y porter, d'autres ar-
« mes que de celles de la raison et de la persuasion.
« En affaires de conscience, nulle contrainte n'est ad-
« missible. *Dieu seul s'est réservé sous ce rapport*
« *tout pouvoir*, et tôt ou tard, chacun aura à rendre
« compte de ses actions. Or, comme c'est à juste ti-
« tre que vous, qui professez avec nous et avec d'au-
« tres souverains, la religion chrétienne réformée, éle-
« vez souvent des plaintes sur les persécutions qu'é-
« prouvent nos co-religionnaires dans des pays où
« règne une insupportable hiérarchie, nous estimons
« qu'il est de toute inconvenance de suivre pareil sys-
« tème de persécution envers ceux qui diffèrent de
« nous sur certains articles de foi, mais qui n'en
« admettent pas moins l'Écriture Sainte, qui est la
« parole de Dieu, comme leur règle de foi et de con-
« duite. Il est d'autant plus juste et convenable d'être
« tolérant à leur égard, que les ennemis de notre
« culte prendraient prétexte à justifier leurs cruelles
« persécutions envers nos frères par les nôtres, si
« quelque gouvernement protestant en exerçait vis-à-
« vis de ceux qui professent d'autres opinions reli-
« gieuses. Vouloir punir quelqu'un d'exil, d'empri-
« sonnement ou des galères, et qui plus est de mort,
« pour cause de religion, c'est-à-dire pour un objet
« auquel il attache tout son bonheur à venir, c'est

« à notre avis le comble de la cruauté et de l'injus-
« tice. Nous sommes d'opinion que chacun doit jouir
« sous ce rapport d'une entière liberté; bien entendu
« que ceux qui professent un autre culte que la re-
« ligion dominante, soit dans une monarchie ou dans
« une république, n'entreprennent rien qui puisse lui
« être nuisible."

Honneur vous soit rendu, hommes si éminemment distingués par votre jugement et par votre savoir! vous qui admettez la liberté de penser et d'instruire, comme la vraie base sur laquelle doit reposer l'Église de notre Seigneur Jésus-Christ, et avec elle tout gouvernement politique! Oui, vous êtes dignes de porter le titre auguste de chrétiens, parce que ce n'est point par de vaines paroles, mais par vos actions même, que vous prouvez avoir été dignement élevés à l'école sanctifiante de votre divin maître, *qui n'est venu sur terre que pour chercher et sauver ce qui était perdu; qui n'a pas voulu qu'un seul homme pérít, mais que tous parvinssent à la connaissance de la vérité; exigeant uniquement qu'ils se transformassent par le renouvellement de leur entendement, afin d'éprouver quelle est la volonté de Dieu, bonne, agréable et parfaite* (1).

Étant partis dans tout le cours de ce mémoire, d'aussi salutaires principes, qu'il nous soit maintenant permis d'en déduire les conséquences suivantes :

1°. Tout examen en matière de religion est, de sa nature même, entièrement permis à tout homme, spé-

(1) *St. Luc*, chap. XIX, v. 10, *St Jean*, ch. III, v. 16, et ch. X, v. 28, *Ep. aux Romains*, ch. XII, v. 2, et 1c à *Thimothée*, ch. II, v. 4.

cialement à tout chrétien, attendu que son essence est susceptible de perfectionnement, qu'il maintient ainsi son droit primitif, et qu'il le prend pour base de tout engagement moral quelconque. La prédication de Jésus-Christ a sanctifié ce principe. Son Église en requiert l'application. Ce droit d'examen ne souffre, ni de la part de l'État, ni de la part de l'Église, la moindre limitation, attendu que ce serait une violation manifeste de la volonté divine, qui mettrait obstacle à ce que l'homme satisfît à sa destinée.

2°. Cet examen est une suite du respect qu'inspire la vérité, qui, d'après le sentiment inné de la raison humaine, est pour tous les hommes également sacrée. De son droit n'est exclu aucun individu, aucune communion. L'entrave qu'on voudrait y mettre, serait un bouleversement de l'ordre moral des choses, en opposition formelle avec le but et les lois de la Divinité.

3°. Comme cet examen est d'une égale importance pour tous les hommes en général, il doit par cela même être à la portée de chacun en particulier. Il fait partie du cercle de leurs conceptions, de leurs jugemens, de leurs travaux et de leurs sentimens. Il faut considérer son exercice comme un besoin inhérent à leur nature. La moindre opposition à laquelle on pourrait se livrer, serait une infraction faite aux droits et aux obligations individuelles.

4°. Cet examen n'a d'autre but que la sanctification et le perfectionnement. Bien loin, par conséquent, de porter la moindre atteinte à la haute dignité inhérente à la nature morale de l'homme, il tend tout au contraire à l'ennoblir. Jésus-Christ, en tant que chef de l'économie chrétienne, a voulu qu'on s'en occupât, et nulle société humaine ne peut s'en abstenir, sans contrevenir à la loi de l'Évangile.

5°. Cet examen, ainsi que la profession publique de la vérité, tend à favoriser la charité universelle, sans admettre aucune autorité, ni domination arbitraire, bien moins encore tyrannique. Celle-ci est en opposition formelle avec le but bienfaisant que Dieu s'est proposé dans l'Évangile, avec les préceptes du Sauveur et de ses Apôtres, avec leurs institutions temporaires et morales. Ce principe est donc pour tous les hommes également désirable, applicable et digne de respect.

6°. On ne peut jamais séparer ce droit d'un libre examen de la liberté de conscience et des cultes, sans qu'il en résulte les plus funestes effets, tels que l'esprit de parti, les querelles, la haine, l'envie et le meurtre. Ces effets sont entièrement étrangers à la bonté naturelle de l'homme et à l'esprit de l'Évangile, qui prêche partout l'amour de Dieu et du prochain, et qui ne respire généralement que tolérance. Celle-ci constitue le principe qui lie l'homme à son semblable, les nations entre elles, la terre aux cieux, et qui, par cela même, est en soi vrai et éternel.

7°. Ce principe est de sa nature compatible et praticable, ainsi que l'attestent divers exemples, quelque rares qu'ils soient d'ailleurs dans l'Église chrétienne. Il ne tend point à établir l'unité de croyance, prise dans le sens le plus absolu, mais uniquement l'unité de penchans et d'inclinations, si propre à procurer le bonheur général. Ce principe nous ramène, par ses conséquences, à cette même économie que

Jésus-Christ a voulu établir sur la terre. L'opposition faite à ce principe, ne fournit aucune preuve contre la justice de son application et la pureté de son essence. Il déploie par contre avec magnificence, quoiqu'appuyé de peu d'exemples, sa lumière toute divine, et plaide en faveur de l'innocence primitive de l'homme.

8°. Tout culte, toute profession de foi, n'importe quelle soit sa dénomination, qui se trouve en opposition avec ce même esprit, qui prescrit par sa seule autorité, ne fût-ce qu'un seul dogme, pour exclure de son sein ou de la communion chrétienne tout non-conformiste, ne peut porter d'autre nom que celui de secte, cherchant à fomenter des divisions, comme s'écartant de l'esprit de charité si sérieusement recommandé.

9°. L'histoire entière du christianisme, quoique trop cruellement déchirée, atteste la solidité de ce principe. Elle nous confirme, il est vrai, que l'on connaît et professe ce même christianisme; mais en même temps aussi, que des intérêts temporaires et l'esprit de parti la font perdre de vue, de la manière la plus déplorable.

O époque fortunée des premiers temps de l'Église chrétienne! de cette Église qui, unie par ses opinions sacrées, ne connaissait ni arrogance, ni esprit de domination, ni droits arbitraires; mais qui laissait à tout fidèle la liberté d'honorer Dieu d'un cœur sincère! Ah! quelle déplorable erreur ne vint point remplacer cette divine simplicité, erreur qui fut le triste fruit de la présomption humaine; troubler cette paix par un fatal esprit de discorde; souiller l'esprit de sanctification par des désirs mondains ; obscurcir la vérité par le fanatisme et l'orgueil monacal ; assujettir la liberté aux entraves d'une domination arbitraire ; mettre obstacle à la liberté d'examen, au moyen des bûchers de l'inquisition, et soumettre les états et les peuples au plus rude esclavage ! O ! puissions-nous un jour être ramenés d'un tel état de barbarie, et réédifier la véritable économie chrétienne selon la doctrine de Jésus, sur des principes immuables de concorde et de charité !

Dans le fait, notre siècle est assez propre à produire cette métamorphose. Dans tous les pays civilisés, surtout en Europe, les sciences ont pris un vigoureux essor. Parmi tous les peuples, elles répandent un plus grand esprit de douceur. Les disputes politiques mêmes, quelque déplorables d'ailleurs qu'elles puissent être, propagent l'esprit d'examen. Des états auparavant inconnus, ou bien, depuis plusieurs siècles, courbés sous le joug de la tyrannie, s'élèvent ou renaissent du néant. L'agriculture fertilise le sol. Le luxe engendre des besoins. L'industrie recueille les fruits de son labeur. Partout le commerce établit des relations utiles et avantageuses. Nombre de sociétés propres à propager le savoir, les arts, les sciences et le goût, ainsi qu'à faire croître la prospérité publique, portent l'homme à sentir toute sa dignité. En tous lieux, des hommes de réputation, d'esprit, de génie, de jugement et de savoir, proclament la vérité telle qu'elle se montre à leurs yeux. Des découvertes faites en diverses branches de science, expliquent nombre de soi-disant secrets de la nature, et combattent victorieusement la superstition. La propagation de principes religieux parmi des nations différentes, même jusque chez l'indomptable Africain, pose des fondemens plus durables, établit des lois plus salutaires, que commande le bons sens et que consacre l'Évangile. C'est donc de vous, ô monarques, gouvernemens et peuples! c'est de vous que dépend la marche progressive sur le chemin de la vérité, de la vertu et du parfait bonheur. Les vrais moyens d'y parvenir sont partout à votre disposition. De vous seuls dépend l'usage utile qu'on en pourrait faire, en transformant les dissentions encore existantes en une paix éminemment désirable, sans que pour cela le principe même soit altéré en aucune manière.

Certaine disposition naturelle, l'éducation, le talent, l'esprit de pénétration, l'occasion enfin, peuvent sous ce rapport influencer sur le choix des moyens; mais c'est de la volonté seule qu'on peut en attendre un bon emploi. Vos propres réflexions, votre propre direction, voilà vos heureux auxiliaires. Abjurant donc toute prétention exclusive à la vérité, sachez maîtriser l'esprit comme le corps, et vous opposer avec force contre cette présomption qui tend en apparence à élever l'homme au-dessus de ses semblables, mais qui en réalité l'humilie profondément, par la conviction intime de son ignorance.

En tant que philosophes, il vous est permis de vous livrer entièrement à la méditation des objets qui se présentent à vos sens; mais vous avez à réprimer tout désir qui tend à approfondir ceux qui tiennent à la métaphysique. Il vous est permis d'aspirer à la connaissance exacte de la vérité, pour autant qu'elle ne dépasse point la sphère de vos conceptions; mais l'infini qui est hors de la portée de l'entendement humain, doit servir de limite à vos désirs d'en savoir davantage. Il vous est permis d'essayer à rendre intelligible et admissible pour d'autres, ce que votre propre sagacité vous explique et vous fait suffisamment comprendre, ce qui, par cela même, devient pour vous une vérité; mais à vos yeux l'infaillibilité doit être ce qu'il y a de plus absurde. Ici doit s'arrêter votre action, car vos opinions ne sont point des oracles. Ce que la conviction a fait adopter comme une vérité par d'autres, doit être pareillement sacré à vos yeux.

Ainsi donc, sévères sur les inspirations de la conscience, adoptez et mettez en pratique le principe inaltérable de bienfaisance qui ennoblit et sanctifie toutes nos actions! C'est le principe moteur de toute activité; il excite à la pratique de tous devoirs; il détruit tous les prestiges de la théologie scolastique; il sert de pierre de touche à nos actions morales, en ce qu'il nous fait allier le sentiment de notre propre bonheur à celui d'autrui. C'est ainsi que l'humanité vous deviendra sacrée, et que, dans cette haute appréciation de votre propre nature, viendront se confondre les sentimens moraux et la douce philantropie. Vous réduirez en pratique l'idéal de la souveraine bonté et sagesse, qui nous représente le Dieu de l'univers, et vous vous enorgueillirez surtout d'être hommes dans toute l'étendue du terme. C'est ainsi qu'en toute circonstance vous pourrez vous qualifier de philantropes sans arrogance. Vous ne connaîtrez sous ce rapport que ce qu'enseigne l'Évangile. Selon ce système, Jésus est le souverain pasteur de tous les hommes, envoyé par Dieu sur la terre pour servir de précepteur et de modèle à tous. La morale toute parfaite de l'Évangile, intelligible pour tous les hommes indistinctement, l'emportera dans votre esprit sur tous les systèmes d'invention humaine. Vous saurez y allier la bienséance et la justice. Elle deviendra pour vous la règle de tout devoir et de toute vérité morale.

Ce même principe devient plus obligatoire encore, lorsqu'il s'agit d'affaires de religion, où chacun décide pour soi, d'après ses propres opinions, et selon ses intérêts temporels et éternels. Ici pareillement, il faut que l'Écriture Sainte, autant que document originaire et primitif, devienne l'interpellatrice et la régulatrice de votre foi. Mais vous distinguerez soigneusement la religion de la théologie. Vous considérerez la première comme étant de sa nature même immuable, parce qu'elle est le principe moral de notre vie entière ; et vous l'estimerez éminemment simple et intelligible. A vos yeux, l'étude de la seconde sera pareille à celle de toute autre science. A mesure que les belles-lettres fleurissent davantage, elle devient susceptible d'une plus parfaite interprétation. Vous l'approfondirez autant que pourront vous le permettre le rang que vous occupez et vos relations sociales. L'antiquité vous ouvre à cet effet ses trésors. L'histoire et la littérature vous tendent la main, et vous tracent la route à suivre. Vos explications seront subordonnées à des observations littéraires. Vous lirez et apprécierez dans toute leur force allégorique et poétique, les documens et écrits orientaux de l'antiquité. La littérature et l'hiéroglyphe des anciens vous ouvrent leurs sacrés parvis, pour que vous en obteniez la parfaite intelligence. Dans l'enfance des âges, la

plus noble simplicité poétique vous servira de guide.
Là, où la Providence divine répandit, par des hommes
doués d'un plus grand degré de sagesse, le plus de
lumières, là aussi, se dirigeront vos contemplations.
Vous ferez attention à la différence de peuples, d'époques et de circonstances. Avec les prophètes de l'ancienne loi, vous vous placerez à la tête de l'État et de
l'Église. C'est de là que vous jugerez du mérite des
tableaux qu'ils vous ont tracés de la liberté et de l'esclavage, de l'oppression et de la restauration. Avec
eux croîtra votre attente, qui se trouvera enfin remplie
lorsqu'apparaîtra l'oracle du salut, le Sauveur du
monde. Ses instructions générales, destinées à tous
les hommes, vous sont également applicables dans toutes les circonstances de la vie, parce qu'elles sont marquées au coin de la vérité et de la perfection. Vous
étudierez l'histoire, et remonterez à la source des
erreurs, comme autant d'écarts de la noble simplicité,
comme un pitoyable mélange de bon sens et d'absurdités. Vous consulterez les écrits des pères, et apprendrez à connaître comment ils se livrèrent outre mesure à des explications allégoriques de l'Écriture Sainte.
Vous observerez avec quel fanatisme l'esprit monacal s'est
plu à greffer sur le christianisme une prétendue béatification. Vous jugerez de la manie des systèmes, qui a
régné depuis le troisième siècle jusqu'à nos jours ; et
plus vous la verrez s'entortiller de théories philosophiques, plus aussi vous déplorerez l'égarement humain, qui s'écarte d'une noble simplicité, qui substitue au bon sens ce qui est incompréhensible, et qui,
tout en violant les droits de la conscience, s'érige en
juge au milieu même de l'empire de la vérité.

Il ne vous sera donc pas difficile de concevoir que l'Écriture Sainte, quand elle est arbitrairement expliquée, ne peut servir de règle de foi qu'autant qu'on se met à même d'approfondir, à l'aide d'un jugement solide, les expressions et les métaphores en usage dans la plus haute antiquité, et de les rendre avec exactitude dans le langage des peuples d'occident. C'est ainsi qu'on en reviendra à l'ancienne simplicité des dogmes; que l'on se gardera soigneusement de principes philosophiques en tout ce qui se rapporte à l'exégèse; que l'on se gardera pareillement de formulaires et de livres symboliques, qui ne sont qu'autant d'inventions humaines, sans aucun fondement réel de droit, et propres à faire passer des décisions individuelles comme articles de foi. Reconnaissant donc à chacun un libre droit d'examen, vous vous réserverez de même ce droit et ne vous le laisserez enlever par personne. Vous vous maintiendrez en sa possession, et l'apprécierez comme l'apanage le plus précieux de votre nature et de la vertu, ne fléchissant qu'alors qu'il vous faudrait succomber sous la violence.

Et même dans le cas où l'autorité civile et le clergé ne respecteraient plus les principes d'équité, et que le préjugé et la superstition exerceraient leur domination sur la terre, encore aimerez-vous mieux souffrir étant innocens et vertueux, que de repousser la violence par la violence, qui finit toujours par dégénérer en tyrannie et par entraîner des maux incalculables. Oui, vous aimeriez mieux souffrir avec le plus ferme soutien de la foi, le Sauveur du monde et ses Apôtres; avec les plus grands hommes de tous les siècles, avec les illustres défenseurs de la vérité, qui, au lieu d'aller au-devant de la mort par fanatisme, aimèrent mieux la subir que d'augmenter par leur résistance les fléaux de l'humanité, et d'endurcir dans leur méchanceté les ennemis de la lumière. Ce qui vous est surtout instamment recommandé, c'est de vous occuper sérieusement d'une recherche à laquelle votre propre intérêt doit vous faire attacher le plus grand prix, et dont les fruits seront votre plus noble récompense. La cause est sainte en elle-même, et les armes que vous employez à sa défense, sont justes. C'est en appelant à votre aide le bon sens, la raison, la conviction, et en vous entourant de lumières, que vouz pourrez triompher. L'ironie obscurcit la vérité; elle irrite l'âme. Or, que l'expérience que vous devez avoir des hommes, accompagne constamment en vous cette prudence, qui allie la simplicité à la bonne foi. C'est ainsi que vous ramènerez les cœurs égarés, et qu'un heureux succès couronnera vos efforts. Le préjugé aura beau, comme anciennement, vous qualifier d'hérétiques, et entacher votre nom de ce titre d'opprobre: votre gloire consistera dans le précieux témoignage que vous aurez mérité d'avoir tendu à la perfection, ainsi qu'il convient à tout chrétien doué de lumières et de jugement. *Vous êtes la lumière de la vérité: conduisez-vous donc comme des enfans de lumière* (1). La sagesse de vos exemples fortifiera l'homme simple, à qui la vérité est également sacrée. Quant aux hommes plus civilisés, vous les préserverez du danger de se livrer au doute et à l'incrédulité. Par vos soins disparaîtront la dissimulation et l'hypocrisie, qui naissent de l'in-

---

(1) *Ep.* aux *Éphésiens*, ch. V, v. 8.

térêt personnel. Vous respecterez chez d'autres le droit d'un libre examen, et vous le leur ferez également respecter. O vous, penseurs libéraux dans l'acception la plus parfaite du terme ! Vous seuls êtes propres à découvrir la vérité; vous seuls avez droit à la publier; vous seuls pouvez réformer vos contemporains. C'est au moyen d'une pareille réforme, que des droits arbitrairement violés, se relèveront dans toute leur force et leur splendeur. Les hommes gagneront en dignité. Les intelligences célestes applaudiront. Le règne de Dieu s'établira. La paix fleurira sur la terre. *Gloire soit à Dieu dans les lieux très-hauts; lui qui exerce sa bonne volonté envers les hommes, et qui rend la terre heureuse par Jésus-Christ* (1) !

(1) *St. Luc*, ch. II, v. 14.

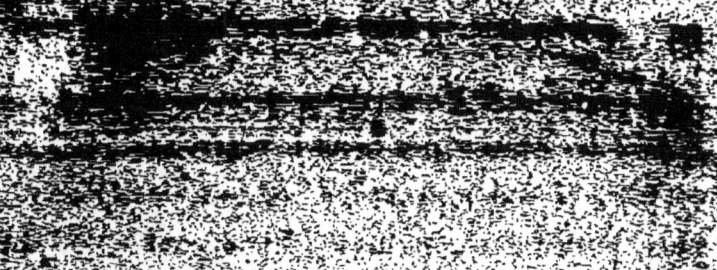
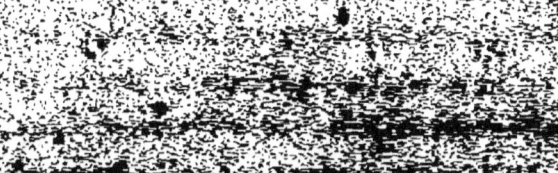
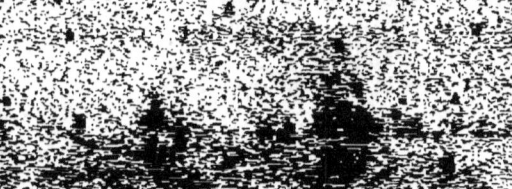

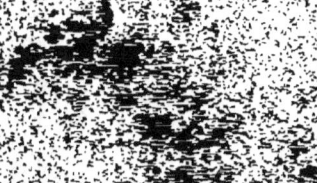

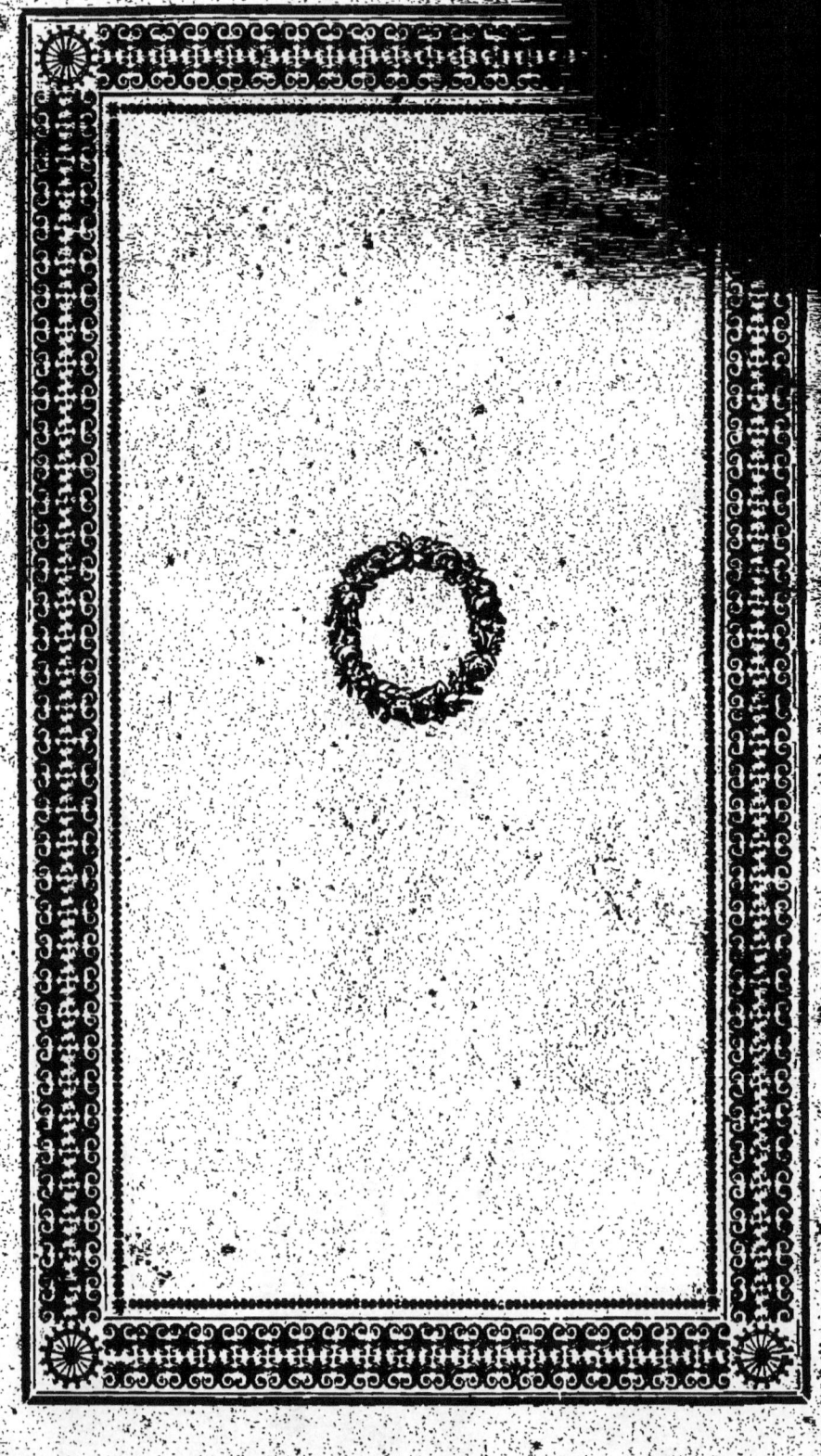

www.ingramcontent.com/pod-product-compliance
Lightning Source LLC
Chambersburg PA
CBHW070305100426
42743CB00011B/2349